편저자 사카이 다츠오(坂井建雄)

도쿄대학 의학부 의학과를 졸업하고 독일 하이델베르크대학 연구원과 도쿄대학 의학부 조교수를 지낸 뒤, 지금은 준텐도대학 의학부(해부학·생체 구조과학) 교수로 있다. 주요 연구 분야는 인체해부학, 신장과 혈관, 해부학사 및 의학사다. 《재밌어서 밤새 읽는 인체 이야기》《재밌어서 밤새 읽는 해부학 이야기》《인체는 진화를 말해준다》등 일반 서적부터 의학 전문 서적까지 폭넓게 집필하고 있다.

옮긴이 박유미

소통하는 글로 저자와 독자 사이의 편안한 징검다리가 되고 싶은 번역가다. 영남대학교 식품영양학과를 졸업한 후 일본학을 공부하며 번역 에이전시 엔터스코리아 출판 기획가 및 일본어 전문 번역가로 활동하고 있다.《패자의 생명사》《잠입! 천재 과학자의 방》《엉뚱하고 기발한 세계 동물 스포츠 대회》《최강왕 놀라운 생물 대백과》《최강왕 동물 배틀》《늑대와 야생의 개》등 다수의 책을 우리말로 옮겼다.

감수자 박경한

서울 휘문고를 졸업하고 서울대학교 의과 대학을 졸업하여 동 대학원에서 신경해부학 전공으로 의학 박사 학위를 받았다. 현재 강원대학교 의학전문대학원 교수로 재직하고 있다.《스넬 임상신경해부학》《Barr 인체신경해부학》《무어 핵심임상해부학》《새 의학용어》《사람발생학》《마티니 핵심해부생리학》등의 전문 의학 서적과《인체 완전판》《인체 원리》등의 교양 과학 서적을 번역했고, 청소년을 대상으로 한《재밌어서 밤새 읽는 해부학 이야기》를 감수했다.

세상에서
가장 재미있는
초등 인체 탐험
②

SARANI! DEKIRUKANA? JINTAI OMOSHIRO CHALLENGE MAX NINGEN NO BARANCE SAKKAKU KOZONOHANASHI

supervised by Tatsuo Sakai

Copyright © 2021 Ehonnomori Co., Ltd.

All rights reserved.

Original Japanese edition published by Ehonnomori Co., Ltd.

Korean translation copyright © 2023 by The Forest Book Publishing Co.

This Korean edition published by arrangement with Ehonnomori Co., Ltd.,

Tokyo, through HonnoKizuna, Inc., Tokyo, and AMO Agency, Korea

이 책의 한국어판 저작권은 AMO 에이전시를 통해 저작권자와 독점 계약한 도서출판 더숲에 있습니다.
저작권법에 의해 한국 내에서 보호를 받는 저작물이므로 무단 전재와 무단 복제를 금합니다.

균형·착각·구조 편

세상에서 가장 재미있는

초등 인체 탐험 ②

사카이 다츠오 편저
박유미 옮김 | 박경한 감수

더숲 STEAM

시작하면서

쉬울 것 같은데 '안 되네!'

많은 친구들이 재밌게 읽은 《세상에서 가장 재미있는 초등 인체 탐험 1》에 이어
더욱 알찬 내용을 담은 《세상에서 가장 재미있는 초등 인체 탐험 2》가 나왔습니다!

2권에서는 도전 횟수와 난이도를 많이 올렸습니다!
자신의 몸이나 주변에 있는 물건으로 손쉽게 도전해 볼 수 있는 내용을 가득 담았죠.

예를 들어 벽에 등을 붙이고 서서 머리와 발뒤꿈치를 벽에 딱 붙인 다음
머리를 앞으로 숙이고 깊숙이 절을 해 보세요.

어떤가요?
몸의 균형이 무너져서 앞으로 푹 꼬꾸라진다고 생각하면 됩니다.
쉬울 것 같지만 안 될 거예요.
절을 할 때 '균형'을 잡기 위해서는
엉덩이를 뒤로 내밀어야 하거든요.

그런데 벽이 있어서 엉덩이를 뒤로 내밀 수 없기 때문에
절을 할 수 없는 거예요.

이 책은 '왜 안 될까?' '몸이 제멋대로 움직이네'
'왜 그런지 움직이지 않아!'와 같이 생각하게 하는
신기한 인체 구조에 대해
인간의 뇌, 신경, 뼈, 반사의 측면에서 알기 쉽게 설명해 놓았습니다.

재미있는 여러 도전을 하여
어린이도 어른도 함께 즐기며
인체의 구조를 배울 수 있는 유익한 책이 되기를 바랍니다.

차례

시작하면서 6

1장 할 수 있는 사람과 할 수 없는 사람이 있어

- **도전 01** 왼팔을 아래로, 오른팔을 위로 돌리다가 두 팔을 동시에 돌릴 수 있을까? 12
- **도전 02** 상체를 앞으로 구부린 자세로 바닥에 있는 마시멜로 먹기 13
- **도전 03** 지시받은 손가락을 움직이기만 하면 되는데 생각보다 어려워! 14
- **도전 04** 벽에 머리를 붙이고 의자 들어 올리기 16
- **도전 05** 한 손으로 V 자 표시, 다른 한 손으로 OK 표시를 하면서 리듬감 있게 손가락 바꾸기 18
- **도전 06** 새끼손가락과 약손가락, 가운뎃손가락과 집게손가락을 붙인다. 다시 약손가락과 가운뎃손가락을 붙인다. 이 동작을 반복한다 19
- **도전 07** 엎드려서 턱을 괴었다가 두 손을 뒤로 잡을 수 있을까? 20
- **도전 08** 몸 앞쪽으로 두 손을 잡고 고리를 만들어 오른발을 통과시키기 22
- **도전 09** 바닥에 앉아 무릎을 세우고 두 팔로 감싸 안은 자세로 손을 사용하지 않고 일어서기 23
- **도전 10** 엄지손가락을 구부린 채로 집게손가락 펴기. 이때 엄지손가락이 움직이면 도전 실패! 24
- **도전 11** 의자에 앉아 한쪽 다리를 편 채 손을 사용하지 않고 다른 다리로 일어서기 25
- **도전 12** 천천히 흔들리는 줄무늬를 바라보면서 한쪽 다리로 계속 서 있기 26
- **도전 13** 엄지손가락을 손목에 붙이기 27
- **도전 14** 새끼손가락과 집게손가락을 세워서 두 손가락을 붙이기 28
- **도전 15** 혀를 특이한 모양으로 접을 수 있을까? 29
- **도전 16** 오른발을 시계 방향으로 돌리면서 오른손으로 숫자 6을 쓰기 30
- **도전 17** 눈을 감고 누군가에게 발가락을 찌르게 한 다음 어느 손가락으로 찌른 건지 맞히기 31

해 보자! 사소한 도전! ① 뇌와 눈 편 32
해 보자! 사소한 도전! ② 소리와 목소리 편 34

2장 어려운데 할 수 있을까?

- **도전 18** 머리부터 발뒤꿈치까지 벽에 붙인 상태로 인사하기 36
- **도전 19** 눈을 가리고 제자리걸음을 100번 한 뒤 눈을 뜨면 같은 자리에 있을까? 37
- **도전 20** 위쪽을 쳐다보면서 눈을 감으면 눈을 뜰 수 있을까? 38
- **도전 21** 발가락을 하나씩 움직일 수 있을까? 39
- **도전 22** 목소리를 내면서 동시에 코를 풀어 보자 40
- **도전 23** 두 팔을 올려서 팔꿈치끼리 붙여 보자 41
- **도전 24** 혀가 코에 닿게 할 수 있을까? 42
- **도전 25** 한쪽 눈썹만 움직일 수 있을까? 43
- **도전 26** 벽에 서서 발끝을 붙이고 상체나 손이 벽에 붙지 않도록 몸을 구부리기 44
- **도전 27** 한쪽 발로 선 상태로 몸을 굽혀서 바닥에 세워 놓은 종이 물기 45

해 보자! 사소한 도전! ③ 손과 발 편 46

해 보자! 사소한 도전! ④ 일상생활 편 48

3장 신기해! 왜 이렇게 되는 걸까?

- **도전 28** 연필 두 자루를 꽁무니끼리 서로 밀면 연필이 떨어지지 않는 이유   52
- **도전 29** 옷걸이를 머리에 끼우면 목이 왜 제멋대로 돌아갈까?   53
- **도전 30** 팔을 누르고 있던 힘을 빼면 팔이 쑥 올라가는 이유   54
- **도전 31** '붙지 마'라고 빌어도 손가락이 붙어 버리는 이유   56
- **도전 32** 20초 동안 손을 서로 잡아당기면 손가락의 움직임이 둔해져   57
- **도전 33** 같은 물에 손가락을 담갔는데 온도가 다르게 느껴지는 이유   58

휴식 타임! 스페셜 도전 손목을 돌리지 않고 손만 사용했는데 왜 손목이 뒤집힐까?   60

- **도전 34** 마주 댄 손가락을 잡아서 비비면 왜 이상한 느낌이 드는 걸까?   62
- **도전 35** 한쪽 팔을 빠르게 문지르면 팔 길이가 왜 변할까?   63
- **도전 36** 작은 구멍을 통해서 보면 선명하게 보이는 이유   64
- **도전 37** 키와 두 팔을 벌린 길이는 거의 같아   65
- **도전 38** 두 다리를 바짝 오므려도 쉽게 벌어지는 이유   66
- **도전 39** 겨드랑이를 끈이나 밴드로 조이면 왜 얼굴에서 땀이 나지 않을까?   67
- **도전 40** 팔꿈치는 세게 꼬집어도 아프지 않아!   68
- **도전 41** 곧은 연필이 휘어져 보이는 이유   69
- **도전 42** 떼어 내려고 힘을 주어도 손이 머리에서 떨어지지 않는 이유   70
- **도전 43** 발 크기와 팔꿈치부터 손목까지의 길이는 같아!   71
- **도전 44** 무릎 아래를 치면 발이 튀어 오르는 이유   72

해 보자, 사소한 도전! ⑤ 목욕 편   73
이럴 때 도전해 보자 ❶ 코가 막혔을 때   74
이럴 때 도전해 보자 ❷ 재채기가 나오려고 할 때   75
이럴 때 도전해 보자 ❸ 딸꾹질이 멈추지 않을 때   76
이럴 때 도전해 보자 ❹ 기억력을 높이고 싶을 때   78

참고 문헌   82

1장

할 수 있는 사람과 할 수 없는 사람이 있어

도전 01

왼팔을 아래로, 오른팔을 위로 돌리다가 두 팔을 동시에 돌릴 수 있을까?

헉! 대부분의 인간은 그렇게 못하는데!

1 왼팔을 아래로 돌린다.
왼팔 / 아래로 돌리기

2 오른팔을 위로 돌린다.
오른팔 / 위로 돌리기

3 두 팔을 동시에 돌린다.
두 팔 / 위로 돌리기 / 아래로 돌리기

'작게 앞으로 나란히'의 자세로 두 팔을 앞으로 내밀어 보세요. 왼팔을 아래쪽으로 돌립니다. 그런 다음 오른팔을 왼팔과 반대 방향인 위쪽으로 돌립니다. 두 팔을 각각 다른 방향으로 동시에 돌립니다.

왜 안 되는 걸까?

처음 2~3회는 돌릴 수 있지만, 금세 두 팔을 같은 방향으로 돌리거나 팔을 제멋대로 움직이게 됩니다. 왼팔과 오른팔을 각각 반대 방향으로 계속 돌리면 뇌가 혼란을 일으키기 때문이죠.

도전 02

상체를 앞으로 구부린 자세로 바닥에 있는 마시멜로 먹기

1 마시멜로 앞에서 무릎을 꿇고 앉아 두 손을 뒤로 맞잡는다.

2 그대로 상체를 수그려 마시멜로를 먹는다.

여자 어린이들은 대부분 할 수 있지!

부드러운 매트리스나 이불 위에 티슈를 깔고 마시멜로를 올려놓습니다. 마시멜로 앞에서 무릎을 꿇고 앉아 두 손을 뒤로 맞잡아 보세요. 그 자세 그대로 상체를 앞으로 수그리면 입으로 마시멜로를 먹을 수 있을까요?

왜 안 되는 걸까?

여성은 할 수 있지만 남성은 할 수 없는 사람이 많습니다. 그 이유는 남녀의 골반이 다르기 때문이에요. 여성은 골반이 남성보다 넓고 벌어져 있기 때문에 이런 동작을 쉽게 할 수 있습니다. 남성이 하기 어려운 이유는 몸이 단단해서가 아니라 골반의 구조가 다르기 때문이에요.

도전 03 지시받은 손가락을 움직이기만 하면 되는데 생각보다 어려워!

1
몸 앞쪽에서 두 팔을
교차시켜 깍지를 낀다.

2
교차시킨 두 손을
아래쪽으로 돌려서
몸쪽으로 비튼다.

빙글

3 빙글 회전시켜서 열 손가락을 자신이 볼 수 있게 한다.

4 다른 사람에게 손가락을 고르라고 해서 그 손가락만 움직인다.

＊나머지 손가락을 움직이면 실패!

몸 앞쪽에서 두 팔을 교차시켜 두 손 깍지를 낍니다. 아래쪽으로 비틀면서 몸쪽으로 끌어당겨 빙글 회전시킵니다. 그 상태로 다른 사람에게 아무 손가락이나 골라 달라고 하세요. 이때 손가락끼리 닿지 않도록 주의합니다. 이제 지정된 손가락만 움직여 보세요. 의외로 움직이기 어려울 거예요.

왜 안 되는 걸까? 쉬워 보이는데

왜 안 되는 걸까?

인간은 대체로 몸의 왼쪽 절반은 우뇌, 오른쪽 절반은 좌뇌가 담당합니다. 그런데 두 손을 교차시켜서 뒤집으면, 오른손과 왼손의 위치가 바뀌죠. 그 결과 뇌가 혼란을 일으켜 올바른 판단을 내릴 수 없게 됩니다.

벽에 머리를 붙이고 의자 들어 올리기

1

벽에서 두 걸음 떨어져서 선다.
벽과 자신의 몸 사이에 의자를 둔다.

2

상체를 굽혀서
머리를 벽에 붙인다.

뭐지?
인간은 저렇게 가벼운
의자도 못 드는 거야?

3

그 자세로 의자를 들어
올려 가슴 가까이 붙인다.

4

의자를 든 채 일어선다.

벽에서 두 걸음 떨어진 자리에서 벽과 마주 보며 서 보세요. 벽과 자신의 몸 사이에 가벼운 의자를 놓습니다. 그대로 상체를 직각으로 굽혀서 머리를 벽에 붙입니다. 그리고 의자를 들어 올려 가슴에 붙입니다. 의자를 든 채로 상체를 일으켜서 똑바로 설 수 있으면 도전 성공!

왜 안 되는 걸까?

여성은 할 수 있는 사람이 많지만 남성은 할 수 없는 사람이 많은 것 같습니다. 차이 나는 이유는 남녀의 중심 위치가 다르기 때문입니다. 여성의 중심 위치는 남성보다 낮은 곳에 있어요. 상반신을 앞으로 구부렸을 때 여성의 중심 위치는 다리 위쪽에 있어서 지렛목으로 이용해 몸을 일으킬 수 있지만, 남성의 중심 위치는 상체 쪽에 있기 때문에 일어서기 어렵다고 해요.

도전 05
한 손으로 V 자 표시, 다른 한 손으로 OK 표시를 하면서 리듬감 있게 손가락 바꾸기

'V 자' 표시와 'OK' 표시를 번갈아 한다

쉬워 보이기는 하네. 하지만 난 손가락이 없어서 못해!

오른쪽 손가락으로 'V 자' 표시를, 왼쪽 손가락으로 'OK' 표시를 만들어 보세요. 여기까지는 쉬울 거예요. 이제 좌우의 표시를 바꿔 보세요. 오른손은 'OK', 왼손은 'V 자'가 되어 있겠죠. 차츰 빠른 속도로 바꿔 보세요.

왜 안 되는 걸까?

계속하다 보면 두 손 모두 'V 자'가 되거나, 'OK' 표시 모양이 이상해질 거예요. 서툴더라도 계속 도전해 보면 뇌의 전두엽 부분이 활발해진다고 해요.

도전 06

새끼손가락과 약손가락,
가운뎃손가락과 집게손가락을 붙인다.
다시 약손가락과 가운뎃손가락을 붙인다.
이 동작을 반복한다

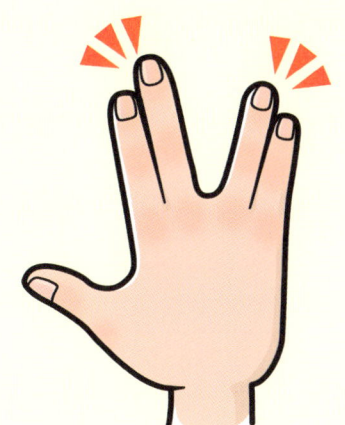

1 새끼손가락과 약손가락, 가운뎃손가락과 집게손가락을 각각 붙인다.

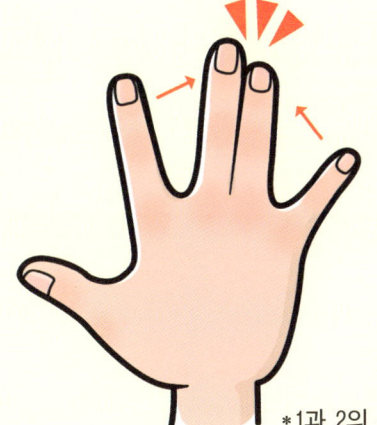

2 다시 약손가락과 가운뎃손가락을 붙인다.

인간은 손가락을 굉장히 잘 움직이네!

*1과 2의 동작을 교대로 재빠르게 바꿔 보자!

오른손, 왼손 어느 쪽으로 해도 됩니다. 처음에는 새끼손가락과 약손가락을 붙이고, 그다음 가운뎃손가락과 집게손가락을 붙입니다. 이렇게만 해도 꽤 어려워요. 이번에는 약손가락과 가운뎃손가락을 붙입니다. 이때 새끼손가락과 약손가락, 가운뎃손가락과 집게손가락은 떨어지게 됩니다. 이 두 가지 동작을 할 수 있으면 번갈아 반복해 보세요.

왜 안 되는 걸까?

손가락 사이를 벌리는 근육(등쪽뼈사이근)과 오므리는 근육(바닥쪽뼈사이근)에 연결된 손가락 신경은 함께 움직이는 경우가 많기 때문에 손가락을 붙였다가 떼었다가 하는 동작이 생각보다 상당히 어렵습니다.

엎드려서 턱을 괴었다가 두 손을 뒤로 잡을 수 있을까?

1 두 팔꿈치와 두 무릎을 **바닥**에 붙이고 엎드린다.

2 턱을 두 손 위에 올린다.

3

두 손을 허리 뒤에서 재빨리 잡고
자세를 유지한다.

안전하게 부드러운 매트리스나 이불 따위를 바닥에 깔아 놓은 후 시작해 보세요. 그 위에 두 팔꿈치와 두 무릎을 붙이고 엎드려 봅니다. 이 상태에서 턱을 괸 자세를 잡기 위해 두 손 위에 턱을 올려놓습니다. 이 자세 그대로 두 손을 허리 뒤에서 재빨리 잡습니다. 이때 자세를 유지할 수 있으면 성공! 실패하면 얼굴이 바닥에 충돌할 수도 있으니, 안전을 위해서 반드시 매트리스나 이불을 깔아 놓고 시도해 보세요. 이 도전도 여성이 성공하는 경우가 훨씬 많습니다.

이 실험도 여성이 유리해요. 여자 인간은 정말 대단해♡

왜 안 되는 걸까?

이번 도전도 여성이 성공할 확률이 높습니다. 그 이유는 도전 04에서도 말했듯이, 남녀의 중심 위치가 다르기 때문이에요. 여성의 중심 위치는 남성보다 낮은 곳에 있습니다. 그래서 두 팔로 턱을 괴지 않아도 자세를 유지할 수 있죠. 참고로 남성은 얼굴이 바닥에 충돌할 가능성이 높으니 주의하세요.

도전 08

몸 앞쪽으로 두 손을 잡고 고리를 만들어 오른발을 통과시키기

몸 앞쪽에서 두 손을 잡고 고리를 만든 다음, 자신의 오른발을 통과시켜 보자!

드디어 남성에게 유리한 도전이 나왔어. 남성 인간은 여러 가지로 힘든 것 같아.

몸 앞쪽으로 두 손을 잡고 팔로 고리 모양을 만듭니다. 앞으로 기울인 자세로 자신의 오른발이 이 고리를 통과할 수 있을까요? 두 손을 풀지 않고 오른발이 통과하면 성공! 이 도전은 남성이 여성보다 성공률이 높은 도전이에요.

 왜 안 되는 걸까?

남성이 여성보다 유리한 이유는 다음과 같습니다.
① 남성이 여성보다 다리가 길기 때문. ② 남성이 고관절을 바깥쪽으로 회전(외선)시킬 수 있는 범위가 크기 때문.
이 도전에서는 다리를 정면으로 빼서 굽히고 펴는 것이 아니라, 다리를 고관절부터 바깥쪽으로 돌리면서 다리를 굽히면 성공하기 쉬워요.

도전 09 — 바닥에 앉아 무릎을 세우고 두 팔로 감싸 안은 자세로 손을 사용하지 않고 일어서기

1 바닥에 앉아 무릎을 세우고 두 팔로 감싸 안는 자세를 한다.

2 이 자세로 손을 사용하지 않고 일어선다.

발목의 유연성이 중요하죠.

먼저 무릎을 세우고 두 팔로 감싸 안은 자세를 해 보세요. 이 자세로 손을 바닥에 닿지 않게 조심하면서 일어섭니다. 자연스럽게 일어서기 위해서는 요령이 필요하지만 상당히 어려운 도전입니다. 잘못 일어서다가 상처가 나지 않도록 무리하지 말고 주의하면서 도전해 보세요.

왜 안 되는 걸까?

안 되는 이유는 여러 가지가 있습니다. 그중 하나가 발목의 유연성입니다. 발목에 유연성이 없으면 일어설 때 중심이 자연스럽게 앞쪽으로 이동하지 않기 때문에 일어서기가 어렵지만, 발목이 부드러우면 중심이 자연스럽게 앞으로 이동하기 때문에 일어서기 쉬워요.

도전 10

엄지손가락을 구부린 채 집게손가락 펴기. 이때 엄지손가락이 움직이면 도전 실패!

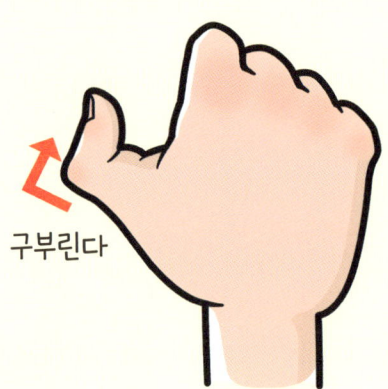

1 엄지손가락을 구부린다.

구부린다

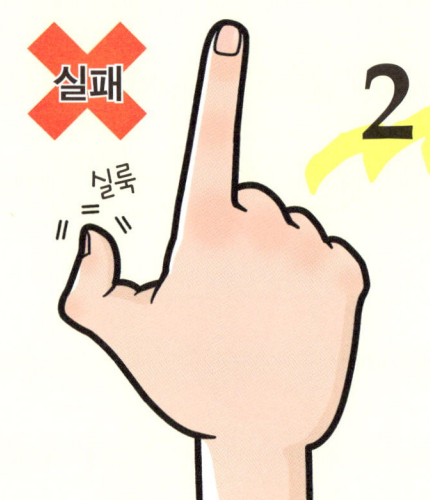

실패

실룩

2 엄지손가락을 구부린 채 집게손가락을 재빨리 편다. 이때 엄지손가락이 함께 움직이면 실패!

엄지손가락도 실룩거리며 움직이네!

오른손이든 왼손이든 상관없습니다. 처음에 가위바위보의 '바위'처럼 주먹을 쥡니다. 그리고 엄지손가락만 세운 뒤 엄지손가락의 관절을 구부립니다. 이 상태를 유지하면서 집게손가락을 재빨리 펴세요 이때 실룩하면서 엄지손가락이 함께 움직이면 도전 실패! 엄지손가락을 전혀 움직이지 않고 집게손가락만 획 하고 쉽게 펴지면 도전에 성공한 것입니다.

왜 안 되는 걸까?

집게손가락을 펴는 근육(집게폄근)과 엄지손가락을 펴는 근육(긴엄지폄근)은 팔뚝 뒤쪽에 나란히 있습니다. 가까이에 있는 신경에 지배를 받기 때문에 두 근육이 함께 움직이기도 합니다.

도전 11

의자에 앉아 한쪽 다리를 편 채 손을 사용하지 않고 다른 다리로 일어서기

1장 할 수 있는 사람과 할 수 없는 사람이 있어

1

의자에 앉아서 한쪽 다리를 편다.
그 상태로 손을 사용하지 않고 일어선다.

나는 발이 많으니까 쉽게 할 수 있을 것 같아.

의자가 낮을수록 하기 어려우며 높이 45cm 정도의 의자가 적당합니다. 앉아서 한쪽 다리를 폅니다. 그 상태로 손을 사용하지 않고 다른 다리로 일어서 보세요. 어린 친구들보다 어른들에게 적합한 도전입니다.

 ### 왜 안 되는 걸까?

이 도전에 실패했다면 근육이 약하기 때문이지 나이가 어린 것과는 상관없습니다. 어른이 실패했다면 하반신 근육 상태가 다소 허약하기 때문입니다. 운동이 부족하다는 신호이므로 운동을 해야겠죠?

도전 12 — 천천히 흔들리는 줄무늬를 바라보면서 한쪽 다리로 계속 서 있기

1

줄무늬를 그린 도화지에서 약 25cm 떨어져서 한쪽 다리로 선다. 도화지를 좌우로 움직인다.

그냥 이렇게만 하는데 균형을 잃는다고?

하얀 도화지에 검은 매직으로 줄무늬를 그립니다. 이때 검은색 줄과 하얀 바탕이 같은 너비로 반복되도록 그립니다. 줄무늬를 그린 도화지를 다른 사람이 들고 있게 하고, 그 도화지에서 약 25cm 떨어진 곳에 한쪽 다리로 섭니다. 이제 도화지를 좌우로 천천히 흔듭니다. 균형을 잃지 않고 한쪽 다리로 서 있을 수 있으면 성공입니다.

왜 안 되는 걸까?

균형을 잡을 때 시각은 중요한 정보로 작용합니다. 뇌는 눈으로 본 정보를 기준으로 몸의 기울기를 느낀다고 해요. 따라서 줄무늬가 움직이는 것을 보고 있으면, 바닥이 움직인다고 뇌가 착각해서 균형을 잃게 되는 것이지요.

도전 13

엄지손가락을 손목에 붙이기

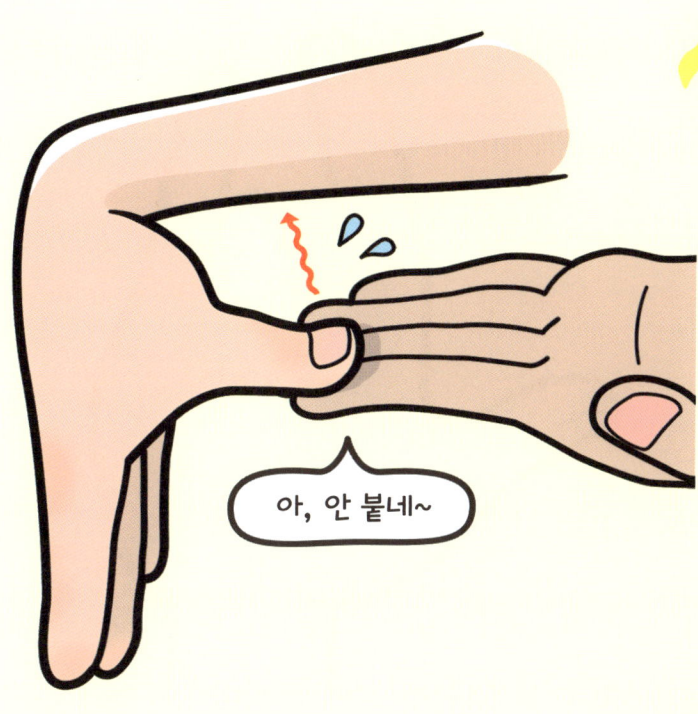

1 엄지손가락을 손목 안쪽에 붙인다. 이때 다른 손의 손가락으로 눌러서 붙여도 된다.

아, 안 붙네~

이 도전은 개인차가 꽤 큰 것 같아!

엄지손가락을 손목에 붙이기만 하면 됩니다. 붙지 않는다고 해서 다른 손의 손가락으로 눌러 힘껏 세게 붙이려고 하면 문제가 될 수도 있으니 절대로 무리해서는 안 됩니다. 애쓰지 않고 자연스럽게 붙이면 도전 성공.

왜 안 되는 걸까?

뼈마디 유연성은 사람에 따라 차이가 있어요. 이 도전에 성공했다면 다음에는 손목 바깥쪽에 엄지손가락을 붙여 보세요. 손목 안쪽보다 바깥쪽에 붙이는 것이 훨씬 어려워요. 이 도전에 성공한 사람은 집게손가락부터 새끼손가락까지 네 손가락의 끝마디뼈를 뒤로 젖힐 수 있다고 합니다.

1장
할 수 있는 사람과 할 수 없는 사람이 있어

도전 14 : 새끼손가락과 집게손가락을 세워서 두 손가락을 붙이기

1 새끼손가락과 집게손가락을 세운 다음 두 손가락을 붙인다.

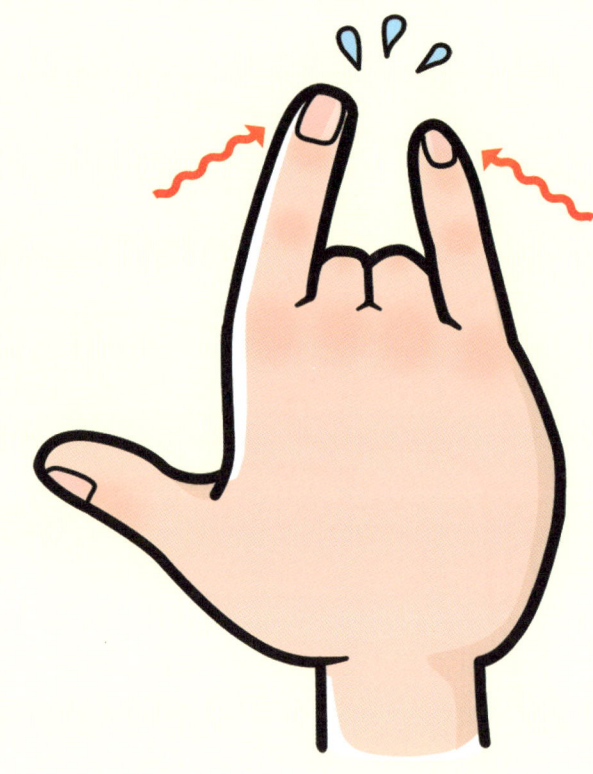

얼핏 쉬워 보이지만, 인간의 손가락으로 하려면 상당히 어려울 것 같아!

엄지손가락을 제외한 네 손가락을 구부린 상태에서 새끼손가락과 집게손가락만 곧게 폅니다. 세운 상태로 두 손가락 끝을 붙이기만 하면 됩니다.

왜 안 되는 걸까?

단순하고 쉬운 도전이지만 할 수 있는 사람은 별로 많지 않을 거예요. 손가락 길이와 손가락을 기울이는 각도에 한계가 있기 때문에 손가락을 곧게 편 채 손가락 끝을 붙이기는 어려워요.

도전 15

혀를 특이한 모양으로 접을 수 있을까?

1장 할 수 있는 사람과 할 수 없는 사람이 있어

1 혀끝을 3등분해서 접는다.

오잉?! 인간의 혀는 대단해!

혀끝을 3등분해서 접습니다. 할 수 있는 사람이 상당히 적어요. 난이도가 높은 도전이죠. 3등분하기 어려울 경우에는 혀를 세로 방향으로 접는 도전을 해 보세요.

 ### 왜 안 되는 걸까?

오직 자신만이 할 수 있는 특이한 혀 모양을 만들어 보는 것도 재미있어요. 혀 근육의 유연성에 따라 할 수 있는 사람과 할 수 없는 사람이 있어요. 이렇게 차이가 나는 이유는 유전 때문이라는 견해가 있어요.

오른발을 시계 방향으로 돌리면서 오른손으로 숫자 6을 쓰기

시계 방향으로 돌리기

1 오른발을 바닥에서 몇 cm 들어 올려서 시계 방향으로 돌린다.

발을 시계 방향으로 돌린다 | 오른손으로 6을 쓴다

2 동시에 오른손으로 숫자 6을 시계 반대 방향으로 쓴다.

의외로 어렵네!

오른발을 바닥에서 몇 센티미터 들어 올려 시계 방향으로 돌립니다. 동시에 오른손으로 숫자 6을 씁니다. 즉 오른손은 시계 반대 방향으로 써야 하는 6을 쓰는 겁니다. 둘 다 동시에 할 수 있으면 도전 성공입니다.

왜 안 되는 걸까?

오른발과 오른손은 몸의 오른쪽 절반입니다. 오른쪽 절반의 움직임을 통제하는 것은 주로 좌뇌입니다. 이 좌뇌가 반대 방향으로 움직이는 2개의 회전을 동시에 처리하려는 것입니다. 반복적으로 훈련해서 익숙해지면 차츰 쉽게 할 수 있게 됩니다.

도전 17

눈을 감고 누군가에게 발가락을 찌르게 한 다음 어느 손가락으로 찌른 건지 맞히기

1 눈을 감은 상태로 다른 사람에게 발가락을 찌르게 한다. 어느 손가락에 찔렸는지 맞혀 본다.

손가락과 발가락은 신기하게도 비슷하면서 다르구나!

눈을 감은 상태로 다른 사람이 발가락을 찌르게 합니다. 이때 어느 손가락으로 찌른 건지 맞힐 수 있다면 도전 성공입니다.

 왜 안 되는 걸까?

쉬워 보이는 도전이지만 성공하는 사람은 적습니다. 특히 집게손가락, 가운뎃손가락, 약손가락의 정답률이 낮은 것 같습니다. 피부에는 '감각점'이라는 센서가 있는데 밀집해 있을수록 감각이 예민합니다. 눈을 감은 상태에서 손가락이 찔리면 어느 손가락인지 맞힐 수 있는 가능성이 있는 반면, 발가락에는 손가락보다 감각점이 적어서 둔감하기 때문에 어느 손가락으로 찔렸는지 알지 못합니다.

해 보자! 사소한 도전!

❶ 뇌와 눈 편

이 글자는 무슨 색으로 쓰여 있을까?

무심코 '빨강'이라고 대답해 버릴 수도 있지만, 정답은 '파랑'입니다. 인간은 색깔에 대한 정보보다 문자 정보를 먼저 읽기 때문에 파랑이라고 대답하려면 시간이 조금 걸립니다. 이것을 '스트롭 효과'라고 합니다.

책을 꼼꼼히 읽은 다음 먼 곳을 바라보기

책이나 휴대폰을 가까이에서 계속 보고 있다가, 멀리 있는 것을 보면 시야가 희미해집니다. 이것을 '초점 동결 현상'이라고 합니다.

가까운 것을 볼 때는 눈 속에 있는 '모양체'의 조절 작용으로 수정체가 두꺼워지고, 멀리 볼 때는 수정체가 얇아져서 초점을 맞춥니다. 가까이만 보는 상태가 계속되면, 모양체의 조절 작용이 둔해져서 초점을 잘 맞출 수 없게 됩니다.

맑은 날 자신의 그림자를 잠시 바라보다가 하늘을 보자

날씨 좋은 날 도전해 보세요. 자신의 그림자를 10초 정도 바라봅니다. 그런 다음 하늘을 보면 그림자 모양이 잔상으로 하늘에 떠 있는 것처럼 보입니다. 5초 정도 지나면 그림자가 사라지는데, 이것은 '그림자 보내기'라는 '에머트의 법칙(Emmert's law)' 중 하나예요. 지면의 그림자보다 멀리 보이기 때문에 지면에서 봤을 때보다 그림자가 더 커 보입니다.

문자 하나를 계속 보고 있으면

하

위의 글자를 가만히 바라봅니다. '하'라는 글자를 계속 보고 있으면 신기하게도 '이 문자의 모양이 이랬었나…?' 하고 뭔가 의아한 생각이 듭니다. 특정 대상에 과하게 몰입할 때 이런 현상이 나타나는데, 예를 들면 문자의 모양이나 의미를 순간적으로 알 수 없게 되는 현상을 '게슈탈트 붕괴'라고 합니다.

이유는 같은 글자를 계속 보고 있으면 뇌가 피로해져서 사고력이 둔화되고 그 글자의 모양을 덩어리로 인식할 수 없게 됩니다. 글자 외에도 도형이나 마크 등을 계속 보고 있으면 같은 현상이 일어난다고 합니다. 일시적이므로 금방 제대로 인식할 수 있게 되죠.

눈을 꼭 감았다가 눈을 떠 보면

눈을 꼭 감았다가 번쩍 떠 보세요. 시야에 순간적으로 반짝이는 빛이 보입니다. '안내 섬광'이라고 하는데, 눈을 감았을 때의 압력으로 망막이 자극을 받아서 빛이 없는데도 일시적으로 빛 감각이 발생하는 것을 말합니다.

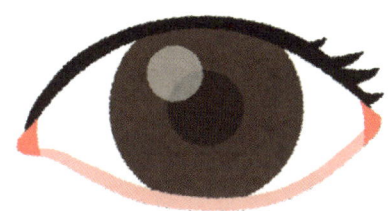

콘센트 / 빈 깡통의 손잡이 / 볼링공

3개의 점을 보고 있으면

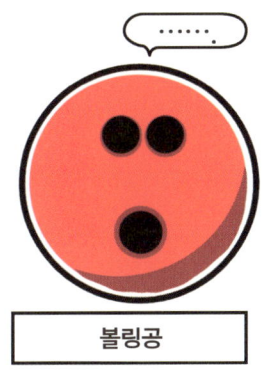

얼굴이 우리랑 너무 비슷하게 생겼어!

역삼각형으로 늘어선 3개의 점을 보고 있으면, 사람의 얼굴처럼 보이기도 합니다. 이것을 '시뮬라크라'라고 합니다. 콘센트 꽂이, 빈 깡통의 손잡이 등 3개의 점은 의외로 우리 주변 곳곳에서 만날 수 있습니다. '벽의 얼룩이나 천장의 나뭇결무늬를 보면 얼굴 모습이 떠오른다'고 하는 것도 이 현상에 따른 것입니다.

해 보자!
사소한 도전!

❷ 소리와 목소리 편

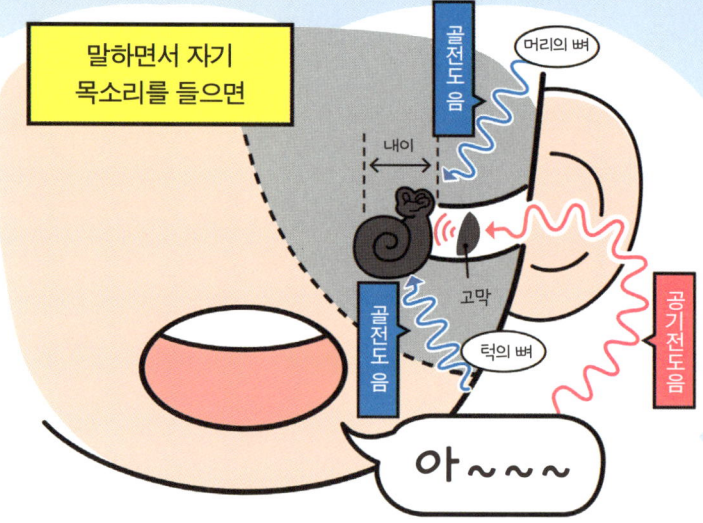

자신의 목소리를 녹음해서 들어보면?

말을 하고 있을 때 그 목소리는 자신에게도 들리는데, 스마트폰으로 자신의 목소리를 녹음해서 들어 보면 평소에 자신이 듣던 목소리와 다르게 들립니다. 녹음된 소리는 공기 속을 통과한 '공기전도음(Air conduction sound)'이며, 내가 평소에 듣는 소리는 공기전도음과 내 뼈를 타고 들리는 '골전도음(Bone conduction sound)'이 섞여 있습니다. 골전도음은 공기전도음보다 저음이기 때문에 녹음된 목소리가 높게 들립니다.

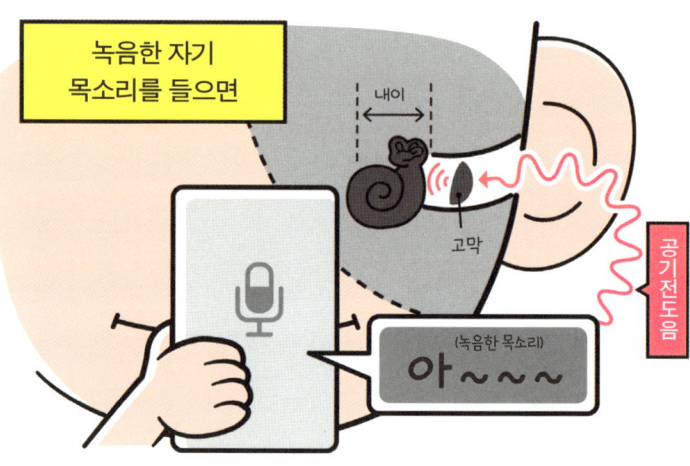

세포가 춤을 추다니 인간은 참 재미있어♪

소리가 울리지 않는 방에서 귀를 기울여 보자

아무 소리도 울리지 않는 방에서 귀를 기울여 봅니다. 휑 하는 소리가 들릴 거예요. 이 소리의 정체는 귓속의 '외유모세포(Outer hair cells)'가 움직이는 소리입니다. 외유모세포는 소리를 감지하는 세포로, 소리에 따라 흔들리고 춤추는 것처럼 움직여서 '춤추는 외유모세포'라고도 해요. 소리의 크기에 따라 흔들리는 폭이 커지는데, 외유모세포는 항상 작은 폭으로 흔들리면서 소리를 받아들일 준비를 하고 있기 때문에 조용한 방에서는 외유모세포의 움직이는 소리가 들립니다.

2장

어려운데 할 수 있을까?

인간이 못하는 일도 있는 것 같아!

해 봐야지~!

할 수 있으면 친구들에게 자랑할 수 있는데♪

머리부터 발뒤꿈치까지 벽에 붙인 상태로 인사하기

1 머리부터 발뒤꿈치까지 **벽에 붙이고 선다.** 그런 상태로 인사를 한다.

인간은 중심을 능숙하게 이동하며 균형을 잡는 거구나!

벽에 등을 대고 서서 머리, 등, 허리, 발뒤꿈치를 붙입니다. 그런 상태에서 고개를 숙여 인사해 보세요. 어떤가요? 할 수 없을 거예요!

왜 안 되는 걸까?

고개를 숙여 인사를 할 때는 균형을 잡기 위해 엉덩이를 살짝 뒤로 내밀어야 상체를 앞으로 기울일 수 있어요. 그런데 이런 상태에서는 벽이 방해가 되어 고개를 숙일 수 없게 되죠!

도전 19

눈을 가리고 제자리걸음을 100번 한 뒤 눈을 뜨면 같은 자리에 있을까?

2장 어려운데 할 수 있을까?

눈가리개를 한 다음
그 자리에서 제자리걸음을 100번 한다.
눈을 떴을 때 어디에 있을까?

쉬울 것 같지만 인간에게는 어려운 일이에요!

반드시 되도록 넓고 안전한 장소에서 도와줄 사람과 함께 도전합니다.
먼저 눈가리개를 한 뒤 그 자리에서 제자리걸음을 100번 합니다. 최대한 같은 자리에서 제자리걸음을 하려고 노력하세요. 제자리걸음이 끝나면 눈가리개를 벗깁니다. 이때 처음과 같은 자리에 있는 사람은 거의 없을 거예요.

왜 안 되는 걸까?

사람은 좌우 어느 한쪽으로 무게중심이 쏠리는 경우가 많습니다. 작은 무게중심의 차이로 인해 제자리에서 걷고 있다고 해도, 제자리걸음을 100번 하면 처음에 있던 자리에서 크게 벗어나게 되죠.

도전 20

위쪽을 쳐다보면서 눈을 감으면 눈을 뜰 수 있을까?

1 머리는 똑바로 앞을 향한다.
눈동자만 움직여서 위를 쳐다본다.

2 눈동자만 위를 쳐다보는 상태로 눈을 감는다.

3 그 상태에서 감은 눈을 뜬다.

해 보니까 잘 안 되네.
정말 이상해!

머리는 정면을 향한 채 움직이지 않습니다. 눈동자만 움직여서 최대한 높은 위치를 쳐다봅니다. 눈동자만 위를 향한 상태를 유지하면서 눈을 감습니다. 이제 감은 눈꺼풀을 위로 올려 보세요. 생각하는 대로 눈이 떠지지 않을 거예요.

 왜 안 되는 걸까?

눈꺼풀을 위로 올리는 신경과 눈을 위로 움직이는 신경은 같습니다. 그래서 시선을 위로 올리면 신경이 그쪽으로 작용하는 상태가 되기 때문에 눈을 뜰 수 없게 된다고 해요.

도전 21 — 발가락을 하나씩 움직일 수 있을까?

발가락을 하나씩 움직여 보자.

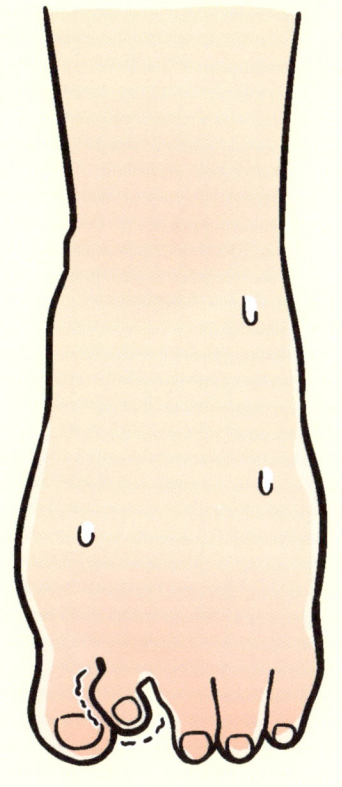

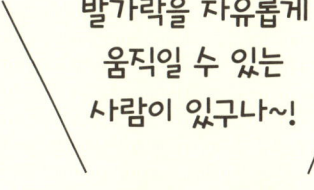
발가락을 자유롭게 움직일 수 있는 사람이 있구나~!

다른 사람이 가리킨 발가락이나 스스로 생각한 발가락을 하나씩 자유롭게 움직일 수 있을까요? 이 도전은 못하는 사람이 많을 거예요. 평소에 발가락을 움직이는 훈련을 하거나 발가락을 자주 사용한다면 할 수 있는 경우도 있어요.

왜 안 되는 걸까?

평소 발가락을 의식적으로 움직이지 않는 사람에게는 어려운 도전이에요. 연습하면 하나씩 움직일 수 있으니까 우선 발가락으로 가위, 바위, 보 같은 동작을 하면서 연습해 보세요.

도전 22 목소리를 내면서 동시에 코를 풀어 보자

1
코를 푼다.
동시에 목소리를 낸다.

코가 막히면 '콧소리'가 나면서 목소리가 달라집니다.
콧구멍 안쪽의 비강이라는 공간에서
공명을 만들 수 없기 때문이에요!

실제로 코가 막히지 않았더라도 '코를 푼다'고 생각하고 코로 공기를 빼 봅니다. 이때 무슨 말이라도 상관없으니까 동시에 목소리를 낼 수 있는지 시험해 보세요. 쉬울 것 같지만 안 될 거예요.

 왜 안 되는 걸까?

소리를 낼 때는 좌우 성대 사이(성대 틈새)의 폭을 좁혀서 강하게 숨을 내쉬면(날숨), 성대가 진동하면서 '음파'가 생겨요. 이것이 코 안쪽에서 식도로 연결된 음식과 공기의 통로(인두)를 통해 입으로 빠져나갈 때, 입안(구강)에서 공명하면서 '목소리'가 됩니다. 이때 입을 벌리는 방법이나 입술 모양에 따라 목소리가 달라집니다. 음성의 일부는 코안의 빈 공간(비강)을 지나면서 공명 현상으로 만들어지기도 해요. 코를 풀면 날숨의 대부분이 비강을 통과하기 때문에 구강으로는 목소리를 낼 수 없게 되죠.

도전 23

두 팔을 올려서 팔꿈치끼리 붙여 보자

2장
어려운데 할 수 있을까?

1

두 팔을 올리고 나서 두 팔꿈치를 붙인다.

이런 동작은 인간이 하기 어려울 것 같은데!

두 팔을 똑바로 올리고 손바닥을 맞대세요. 이 상태로 두 팔꿈치를 붙일 수 있을까요? '조금만 더…!'라며 아무리 노력을 해도 좀처럼 붙지 않을 거예요!

왜 안 되는 걸까?

팔꿈치를 구부리면 두 팔꿈치를 붙일 수 있지만, 팔을 뻗은 상태로는 붙이기 어렵습니다. 물론 어깨관절이 부드러운 사람은 붙을 수도 있어요.

혀가 코에 닿게 할 수 있을까?

1 혀를 최대한 길게 내밀어 코에 닿게 한다.

할 수 있는 사람은 자랑해야겠네!

혀를 할 수 있는 한 길게 내밀면 코에 닿게 할 수 있을까요? 웬만해서는 코에 닿지 않을 거예요.

왜 안 되는 걸까?

혀의 길이는 개인차가 있는데 남자 평균은 7.3cm, 여자 평균은 7.2cm라고 합니다. 대부분의 사람이 도전에 실패하지만 10% 정도는 성공한다고 해요.

도전 25

한쪽 눈썹만 움직일 수 있을까?

한쪽 눈썹만
살짝 움직인다.

할 수 있다고 해도
그다지 쓸 일은 없지만
왠지 멋있어~!

방법은 쉬워요. 그저 한쪽 눈썹을 움직이기만 하면 됩니다. 쉬워 보이지만 실제로 할 수 있는 사람이 적다고 해요.

 왜 안 되는 걸까?

할 수 없는 이유는 평소에 잘 사용하지 않는 근육이기 때문이에요. 근육 사용법이 필요합니다. 연습하면 누구나 할 수 있죠. 처음에는 양쪽 눈썹을 동시에 오르내리고, 다음에는 한쪽 눈썹을 손으로 눌러 움직이지 못하게 합니다. 그런 다음 다른 한쪽 눈썹만 움직여 보세요. 이런 행동을 반복해서 근육의 움직임을 몸에 익히면 할 수 있게 됩니다.

벽에 서서 발끝을 붙이고 상체나 손이 벽에 붙지 않도록 몸을 구부리기

1 발뒤꿈치를 붙이고 발끝을 90도로 벌린다.

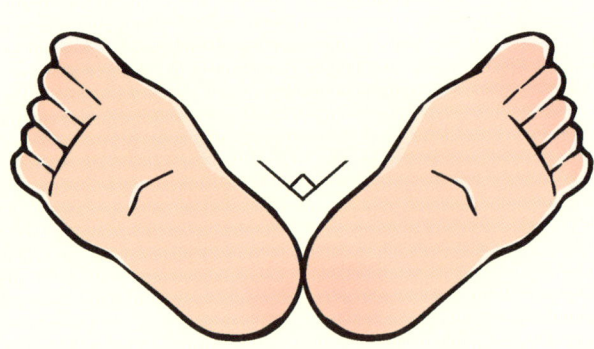

2 벽을 마주 보고 발끝을 벽에 붙이고 서서 상체나 손이 벽에 닿지 않도록 무릎을 구부린 뒤 굽혔다 폈다 한다.

스트레칭을 꾸준히 하면 할 수 있을까?

벽을 마주 보고 발뒤꿈치를 붙이고 발끝을 90도로 벌린 뒤 벽에 붙이고 일어섭니다. 이 상태로 발끝 이외의 부분이 벽에 닿지 않도록 무릎을 구부리고 굽혔다 펴기 운동을 해 봅니다.

왜 안 되는 걸까?

무릎이 벽에 닿기 때문에 엉덩이를 내밀고 개구리처럼 다리를 벌리면서 구부리는 것이 요령이에요. 상체도 벽에 닿지 않도록 아슬아슬하게 틈을 만들어 보세요. 난이도가 굉장히 높은 어려운 도전이지만, 발뒤꿈치와 발끝을 붙인 대로 하면 조금씩 어렵지 않게 할 수 있어요.

도전 27

한쪽 발로 선 상태로 몸을 굽혀서
바닥에 세워 놓은 종이 물기

2장
어려운데 할 수 있을까?

바닥에 세워 놓은 A4 크기의 종이를 한쪽 발로 선 채 몸을 앞으로 구부려서 입에 물고 일어선다.

뼈가 없는
우리 외계인에게는
식은 죽 먹기지 ☆

먼저 A4 크기의 종이를 접어서 바닥에 세워 둡니다. 종이 앞에 한쪽 발로 선 다음 몸을 앞으로 구부려 바닥의 종이를 입에 물고 일어섭니다. 종이와 일어서는 거리가 너무 가까우면 앞으로 굽히기가 너무 힘들기 때문에 구부리기 쉬운 각도로 종이와의 거리를 조절하면서 도전해 보세요.

왜 안 되는 걸까?

몸의 유연성과 균형 감각에 성공 여부가 달려 있습니다. 한쪽 다리로 균형을 잡으면서 웅크리고 앉아 봅니다. 몸의 유연성이 떨어지는 사람은 두 발로 선 상태로 도전해 보세요. 상체를 일으키지 못하고 쓰러져 버릴 수도 있으니 무리하면 안 됩니다!

45

해 보자! 사소한 도전!

③ 손과 발 편

컵을 손에 들고 물을 마실 때 새끼손가락은?

컵을 들고 물을 마실 때 새끼손가락 모양에 주목해 보세요. 새끼손가락이 서 있나요, 아니면 컵에 닿아 있나요? 새끼손가락이 서 있으면 부끄럽다고 생각하는 사람도 있지만, 새끼손가락이 서는 이유가 있습니다. 물건을 꽉 잡을 때는 다섯 손가락을 사용하지만 가볍게 잡을 때는 힘을 빼거나 균형을 잡기 위해 무의식적으로 새끼손가락을 세우기 때문입니다.

손과 팔의 혈관 살펴보기

자신의 손이나 팔을 살펴볼까요. 혈관은 어떻게 보이나요? 친구뿐만 아니라 어른들과도 비교해 보면 재미있어요.

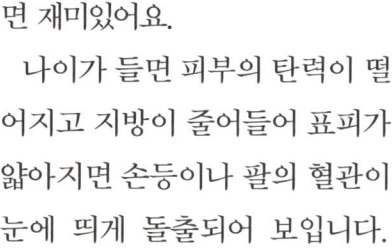

나이가 들면 피부의 탄력이 떨어지고 지방이 줄어들어 표피가 얇아지면 손등이나 팔의 혈관이 눈에 띄게 돌출되어 보입니다. 이를 '손등 정맥'이라고 하는데, 평소에 손이나 팔을 많이 쓰는 일을 하는 사람들이 혈류가 많아져 혈관이 굵어지기 때문에 돌출되어 보입니다. 유전적으로 혈관이 돌출되기 쉬운 체질도 있다고 해요.

손가락 두 번째 관절을 구부려서 손가락 끝을 튕겨보기

방법은 간단합니다. 손가락의 첫마디 뼈와 중간마디 뼈 사이 관절을 구부린 다음 손가락 끝을 반대편 손가락으로 튕겨 보세요. 그러면 첫마디 뼈 손가락 끝까지 마치 뼈가 없는 것처럼 흔들흔들 움직입니다. 특히 약손가락이 흔들거리는 사람들이 많을 거예요.

✦ 손가락에 따라 관절의 유연성이 다른 것 같아!

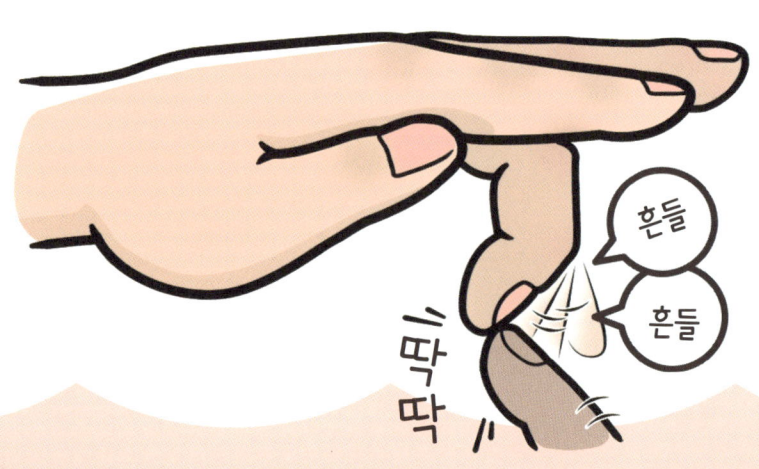

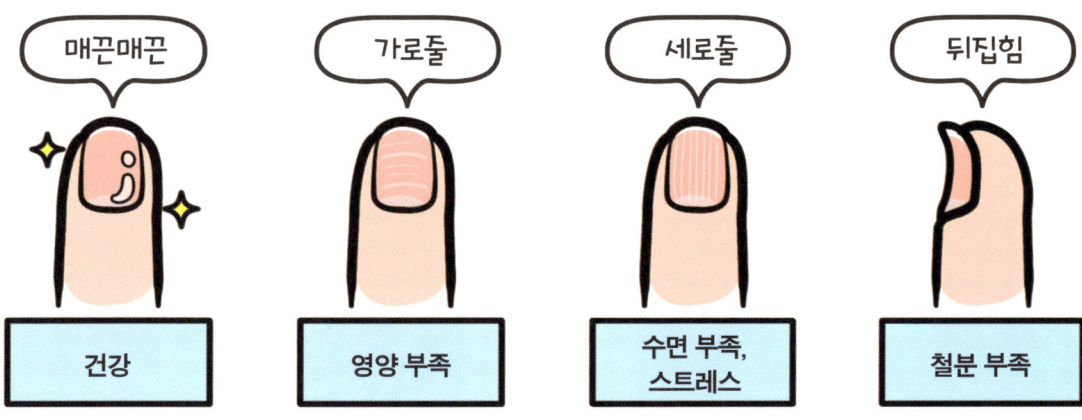

손톱 모양과 색깔로 건강 상태 알아보기

손톱 모양이나 색깔로 건강 상태를 알 수 있습니다. 매끈매끈한 손톱은 건강하다는 뜻이에요. 하지만 가로줄이 있으면 영양 상태가 부족하다는 뜻이며, 세로줄이 있으면 수면 부족이나 스트레스가 원인일 수 있습니다. 또 손톱이 뒤집혀 있으면 '숟가락 손톱'이라고 하는데, 철분 부족일 가능성이 있습니다. 그리고 손톱이 불룩하면 내장 질환이 의심됩니다. 색깔로 보면 핑크색이 건강한 상태이고, 보라색이면 혈액 순환이 나빠지고 있다는 뜻이에요.

어느 쪽이 공을 차기 쉬운 발일까?

공을 찰 때 차기 쉬운 쪽 발이 있습니다. 차기 쉬운 발이 어느 발인가에 따라 오른발잡이 혹은 왼발잡이가 되고, 그 반대쪽 발이 지면에 처음 닿는 발(축발)이 됩니다. 오른손잡이, 왼손잡이는 많이 들었겠지만 발이나 눈에도 '오른잡이', '왼잡이'가 있습니다. 눈의 경우 오른잡이, 왼잡이를 구분하려면 먼저 두 눈으로 조금 떨어져 있는 것을 보면서, 보고 있는 것을 손가락으로 가리킵니다. 그 상태에서 한쪽씩 눈을 가리고 본 다음, 두 눈으로 봤을 때와 비교해서 차이가 적은 쪽을 기준으로 오른눈잡이, 왼눈잡이로 구분합니다. 눈, 손, 발은 오른잡이, 왼잡이가 제각각인 사람도 있다고 해요.

졸릴 때 손발이 따뜻한 이유

저녁 시간에 졸릴 때 손이나 발의 온도를 확인해 보세요. 낮 시간보다 손발이 따뜻할 거예요. 사람은 쾌적한 수면을 취하기 위해 몸의 표면에서 열을 발산시키기 때문에 몸의 중심 체온이 자동으로 떨어지게 되는데, 이를 '열 발산'이라고 합니다. 즉, 중심 체온이 낮아질수록 수면 욕구가 강해집니다.

손의 경우 오른손잡이가 많은 이유는 밝혀지지 않았다고 해요.

해 보자! 사소한 도전!
④ 일상생활 편

서점에 오래 있으면 왜 화장실에 가고 싶을까?

서점에 오래 있다 보면 화장실에 가고 싶어질 때가 있죠. 많은 사람들이 느끼는 현상으로, '아오키 마리코 현상'이라고 해요. 1985년 《책의 잡지》라는 일본의 월간지에 실린 내용으로, '서점에 가면 왠지 화장실에 가고 싶어지는 이유가 뭔가요?'라며 투고한 독자 아오키 마리코의 기사가 반향을 일으켜 이런 이름이 붙여졌다고 해요. 의학적 원인은 확인되지 않았지만 잉크 냄새, 책을 고를 때의 긴장감 등이 그 원인이라는 의견이 있습니다.

정면에서 마주 오는 사람과 반대 방향으로 지나갈 수 있을까?

거리를 조금 두고 둘이서 마주 보고 걸어갈 경우, 부딪치지 않고 각자 다른 쪽으로 지나갈 수 있을까요? 몇 번이나 서로 같은 방향으로 피하려다 보니 지나가기가 힘든 경우가 있죠. 이를 '연속 회피 본능'이라고 하는데 인간의 본능에 속합니다. 이전과 같은 행동을 반복하고 싶지 않다는 인간의 본능으로 인해 몸이 자연스럽게 이전과 반대로 움직이기 때문에 일어나는 현상이라고 해요.

헐! 지구에는 서점에 화장실이 있다고?

지난밤 꿈을 기억하지 못하는 이유

사람들은 하룻밤에 꿈을 3~5번 꾸지만 금방 잊어버린다고 합니다. 그래서 아침에 일어났을 때 지난밤에 꾼 꿈을 다 기억하지는 못합니다. 과학자들은 뇌에 있는 '멜라닌 응집 호르몬 뉴런'이 잠을 자는 동안 기억을 파괴한다는 사실을 발견했습니다. 꿈을 꾸는 이유는 체험한 것 중 필요한 정보를 과거의 기억과 연관시켜 기억에 정착시키기 위해서입니다. 그런데 현실과 다른 내용도 있기 때문에 그대로 기억해 버리면 현실과 구별이 되지 않으므로 꿈을 기억하지 못하도록 하는 것입니다.

3장

신기해! 왜 이렇게 되는 걸까?

인간의 신체 구조는 재미있어!

생활의 지혜로 사용할 수 있죠!

우리 척척박사가 되어 보자.

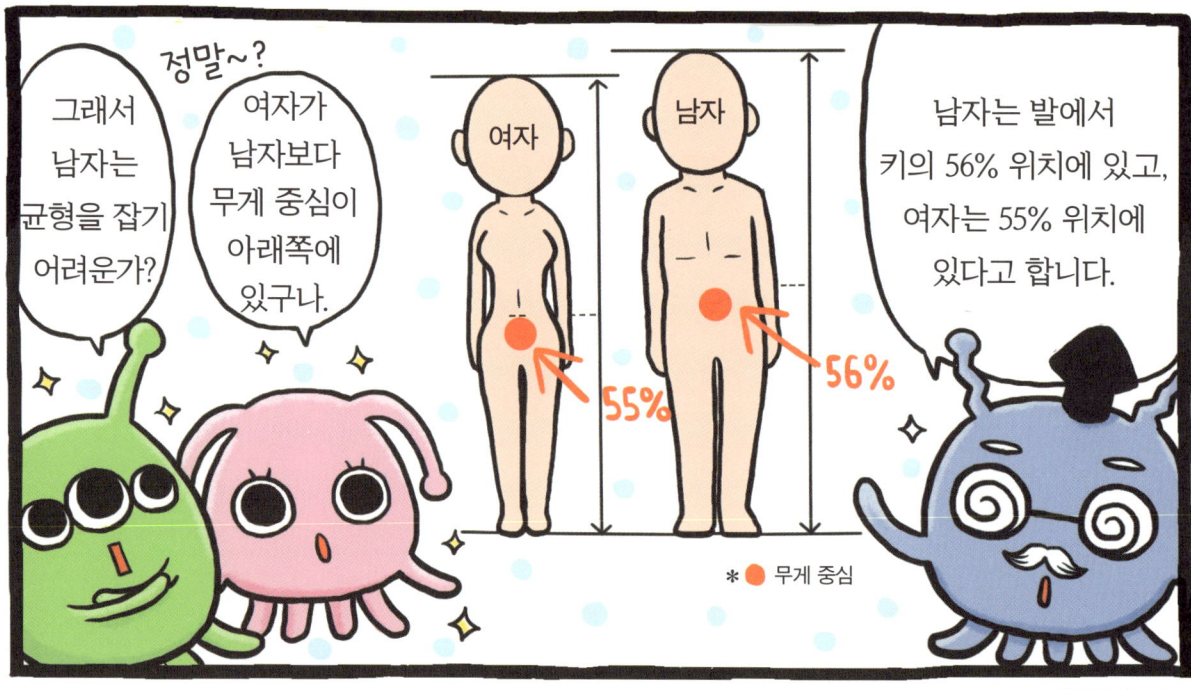

도전 28

연필 두 자루를 꽁무니끼리 서로 밀면 연필이 떨어지지 않는 이유

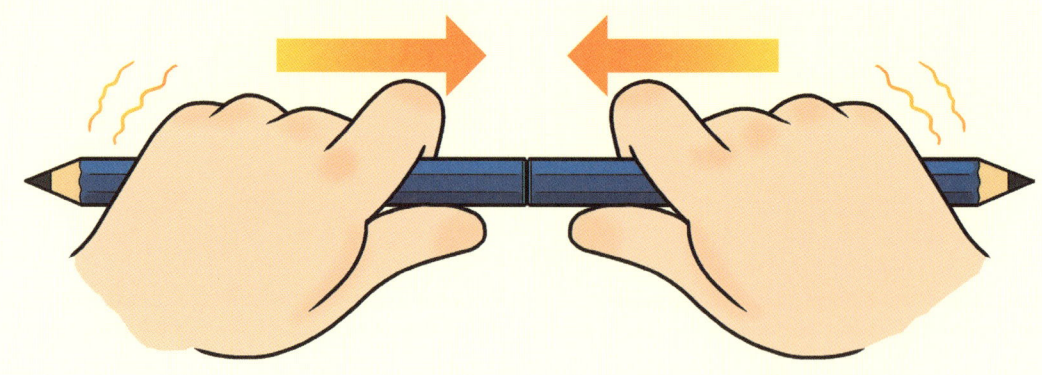

1

연필 꽁무니끼리 붙여서 15초간 서로 힘껏 밀친다. 힘을 빼면 연필끼리 달라붙은 채 떨어지지 않는다.

신기하네! 나도 해 봐야지!

　먼저 연필 두 자루를 준비해 주세요. 지우개가 달리거나 꽁무니 부분이 둥근 연필은 서로 맞대기 어려우므로 평평한 연필을 고르세요. 연필을 꽁무니끼리 붙인 다음 15초간 힘껏 밉니다. 그런 다음 힘을 빼 보세요. 그러면 연필끼리 붙어서 떨어지지 않게 됩니다!

왜 안 되는 걸까?

연필과 연필을 서로 밀어내는 것에 집중하면 우리의 신경은 흥분됩니다. 그러면 뇌의 지령을 일시적으로 근육에 전달할 수 없게 되어, 힘을 뺀 직후에는 연필을 떼지 못하게 된다고 해요.

옷걸이를 머리에 끼우면 목이 왜 제멋대로 돌아갈까?

1 철사 옷걸이 아래쪽의 평평한 부분을 안쪽으로 살짝 구부린 다음, 삼각형 부분을 펼치면서 정면에서 머리에 끼운다.

좌우 균등하게 끼우면 어깨 결림 해소에 도움이 되는 것 같군!

* 옷걸이의 고리 부분에 상처 입지 않도록 주의한다.

어라

2 눈을 감고 편안하게 있으면 목이 제멋대로 돌아간다.

철사 옷걸이 아래쪽의 평평한 부분을 안쪽으로 살짝 구부린 다음, 머리에 끼울 수 있는 크기로 펼쳐서 머리에 끼웁니다. 이때 관자놀이에 고리 부분이 닿도록 합니다. 눈을 감고 심호흡을 하세요. 그러면 머리가 제멋대로 돌아갑니다.

왜 안 되는 걸까?

목의 좌우에 있는 목 빗근(흉쇄유돌근)은 머리를 지탱해 주는 근육입니다. 그런데 옷걸이가 관자놀이를 압박해서 목 빗근이 느슨해지면 자극한 쪽으로 목이 돌아갑니다. 이것을 '옷걸이 반사'라고 해요.

도전 30

팔을 누르고 있던 힘을 빼면 팔이 쑥 올라가는 이유

1

두 팔을 내리고 섰다가 두 팔을 올리려고 할 때, 다른 사람이 30초 동안 팔을 눌러서 올리지 못하게 한다.

2

팔을 누르던 동작을 그만두는 동시에 위로 올리려던 팔에 힘을 빼면 팔이 휙 올라가 버린다.

3장 신기해! 왜 이렇게 되는 걸까?

혼자서 할 때는 벽을 향해 팔을 힘껏 밀어붙인다

*몸을 벽에 붙이지 않는 것이 요령이에요.

힘을 전혀 주지 않았는데도 팔이 제멋대로 움직이네! 좀 무섭지만 재미있어!

이 도전은 둘이서 진행하세요. 한 사람이 두 팔을 내린 상태로 서서 두 팔을 올리려고 하면, 다른 한 사람이 팔을 누르면서 30초 동안 버팁니다. 두 사람 모두 상당한 힘이 필요합니다. 누르고 있던 손을 떼는 동시에 올리려던 팔에 힘을 빼면 팔이 제멋대로 올라가 버립니다!

혼자 도전해 보려면 벽에 팔을 밀어내는 식으로 할 수도 있습니다. 이때 몸은 벽에 붙이지 않아야 합니다.

왜 안 되는 걸까?

'팔을 올려!'라는 명령을 뇌가 기억하고 있기 때문에 누르는 힘을 제거했는데도 팔이 올라가는 겁니다.

도전 31

'붙지 마'라고 빌어도 손가락이 붙어 버리는 이유

후들후들 떨리네!

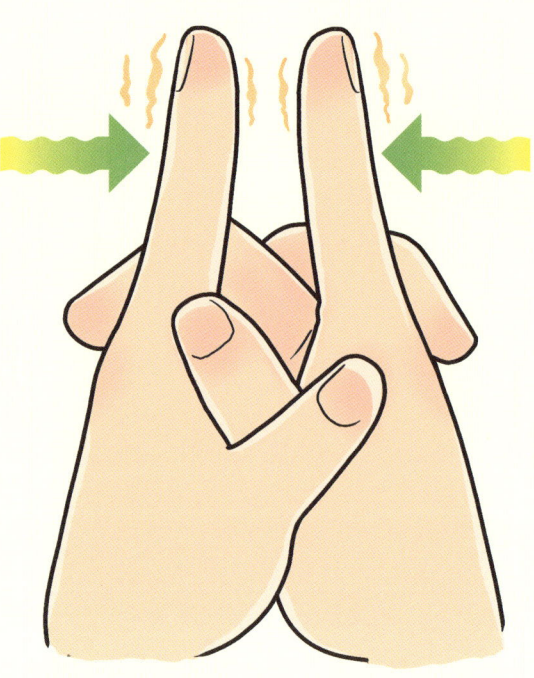

1 두 손의 손가락을 단단히 맞잡은 다음 집게손가락을 뻗어 집게손가락끼리 공간을 만든다. '붙지 마'라고 계속 마음속으로 빌어도 집게손가락이 붙어 버린다.

손가락을 맞잡은 상태에서 집게손가락을 펴서 집게손가락끼리 붙지 않도록 공간을 만들어 보세요. '붙지 마, 붙지 마'라고 마음속으로 아무리 생각해도 공간이 점점 좁아지면서 집게손가락끼리 붙어 버립니다.

왜 안 되는 걸까?

'붙지 마'라고 생각하며 붙지 않게 하려고 하는데도 붙어 버리는 것은 이상한 일이죠. 사실 손가락은 힘을 주지 않고 자연스러운 상태로 있을 때는 구부러져 있어요. 손가락을 떼서 공간을 만든 상태를 유지하는 것은 머리로 생각하는 것보다 힘든 일입니다. 그래서 손가락이 달라붙어 버리는 것이 자연스러운 일입니다.

20초 동안 손을 서로 잡아당기면 손가락의 움직임이 둔해져

3장 신기해! 왜 이렇게 되는 걸까?

1 오른손과 왼손을 깍지 끼고 20초 동안 힘껏 잡아당긴다.

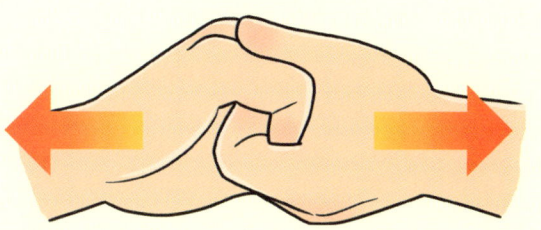

2 손 모양은 그대로 둔 채 깍지 낀 손을 뗀다. 20초 동안 이 상태로 있다가 손가락을 펴면 손가락의 움직임이 둔하게 느껴진다.

힘을 주면 신경이 곤두서죠!

오른손과 왼손을 깍지 끼고 20초 동안 힘껏 잡아당깁니다. 손톱이 파고들어 손가락이 아프지 않도록 주의하세요. 관절과 관절을 거는 것이 좋습니다. 손 모양을 그대로 둔 채 깍지 낀 손을 풉니다. 이 상태로 20초 동안 있다가 손가락을 펴면 움직임이 둔해진 것처럼 느껴집니다.

왜 안 되는 걸까?

앞에서의 원리와 같습니다. 손을 서로 꽉 잡고 있으면 신경이 흥분되어 일시적으로 뇌가 내리는 지령을 근육에 전달할 수 없게 되죠. 그래서 잠시 손가락을 움직이기 어려워집니다.

같은 물에 손가락을 담갔는데 온도가 다르게 느껴지는 이유

1 컵 3개에 각각 40℃의 물, 상온의 물, 얼음물을 준비한다.

2 2~3분 동안 오른쪽 손가락을 40℃의 따뜻한 물에, 왼쪽 손가락을 얼음물에 담근다.

3

두 손가락을 꺼내
재빨리 상온의 물에 담그면
오른쪽 손가락은 차갑게,
왼쪽 손가락은 따뜻하게 느껴진다.

시간이 지나면 같은 온도로 느껴질 거야!

컵 3개에 ① 40℃의 따뜻한 물, ② 상온의 물, ③ 얼음물을 준비하세요. 2~3분 정도 오른쪽 손가락은 ① 40℃의 따뜻한 물에, 왼쪽 손가락은 ③ 얼음물에 담급니다. 두 손가락을 꺼내 재빨리 ② 상온의 물에 담그면 왼쪽 손가락은 따뜻하게, 오른쪽 손가락은 차갑게 느껴집니다.

왜 안 되는 걸까?

같은 온도의 물인데 오른손과 왼손이 다른 온도처럼 느끼는 것이 신기한 일이죠! 그 이유는 따뜻하거나 차가운 자극을 계속 받으면 다음에 받는 자극에 둔해지거나 정확한 온도를 느끼기 어려워지기 때문입니다.

휴식 타임! 스페셜 도전

손목을 돌리지 않고 손만 사용했는데 왜 손목이 뒤집힐까?

1 왼손 손바닥을 위로 향하게 하고 팔꿈치를 구부려서 앞으로 내민다.

2 팔꿈치를 축으로 해서 손을 왼쪽 어깨 방향으로 구부린다.

3 손목을 회전시키지 않고, 손을 오른쪽으로 쓰러뜨린다.

4 팔꿈치를 축으로 하여 손을 왼쪽 방향으로 움직여서 처음의 위치로 갖다 놓는다.

그렇게 될 수도 있는 것이 아니라 '반드시 그렇게 되어 버리는' 신기한 게임이에요. 다른 도전에 비해 '인체 구조'나 '뇌 구조'와 그리 깊은 관계가 있지는 않지만, 친구나 가족과 함께 하면 재미있게 즐길 수 있습니다. 방법은 아주 쉬워요. 좌우 어느 쪽 손을 써도 됩니다. 팔꿈치를 구부리고 손바닥을 위를 향해 앞으로 내밉니다. 이 상태로 일러스트의 설명에 따라 팔을 회전시킵니다. 이때 주의할 점은 '손목을 절대 회전시키지 말 것'. 손목은 돌리지 않은 채 팔을 2번 돌렸더니 처음에 위를 향해 있던 손바닥이 마지막에는 어찌 된 일인지 아래를 향해 뒤집혀 있습니다. 신기한 일이죠?

왜 이렇게 되는 걸까요? 이런 생각에는 우리의 선입견이 작용합니다. 손바닥의 '앞뒤'를 뒤집으려면 손목 관절을 돌려야 한다고 생각하기 쉬운데, 실제로 손목 관절이 돌아갈까요? 이 도전에서 주의 사항은 '손목을 돌리지 않는다'라고 했는데, 원래 손목은 돌아가지 않습니다. 손바닥을 뒤집을 때 움직이는 관절은 팔꿈치입니다.

도전 34 — 마주 댄 손가락을 잡아서 비비면 왜 이상한 느낌이 드는 걸까?

뭐지? 나도 해 보고 싶어!

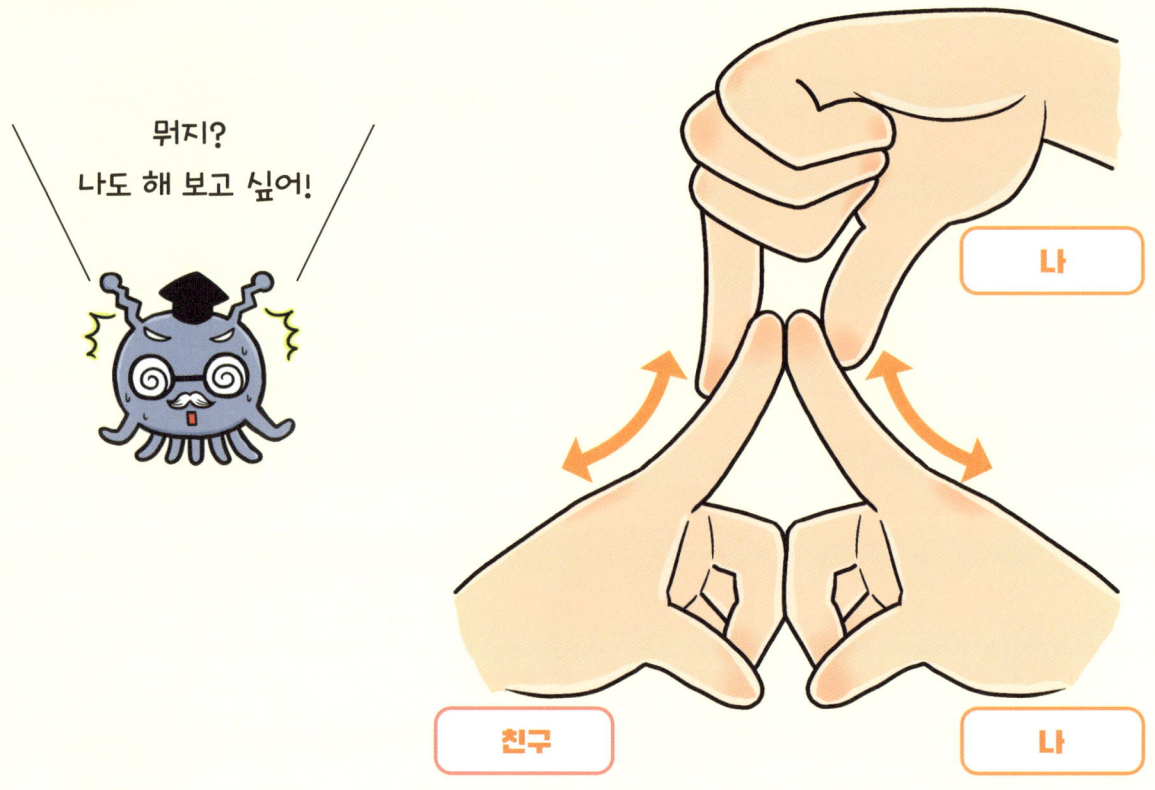

1. 나의 오른손과 상대방 왼손을 집게손가락끼리 붙인다. 마주 댄 집게손가락의 끝을 자신의 왼손 엄지손가락과 집게손가락으로 잡아서 문지르면 이상한 느낌이 든다.

이 도전은 두 사람이 해야 합니다. 자신의 오른손과 친구의 왼손을 집게손가락끼리 붙입니다. 이렇게 마주 댄 손가락 끝을 자신의 왼손 엄지손가락과 집게손가락으로 잡아서 문질러 보세요. 뭔가 이상한 느낌이 들 거예요.

왜 안 되는 걸까?

자신의 손가락으로 두 손가락을 문지르는데, 문지르는 손가락 중 1개의 손가락 감각만 뇌로 전달되기 때문에 이상한 느낌이 든다고 해요.

도전 35

한쪽 팔을 빠르게 문지르면 팔 길이가 왜 변할까?

1 왼팔을 뻗고 **오른손으로** 여러 번 빠르게 문지른다.

2 오른팔을 뻗어서 **비교해 보면** 오른팔이 조금 짧다.

아주 잠깐 동안이기는 하지만 짧은 시간에 팔이 짧아진다니 신기하네!

먼저 두 팔을 쭉 뻗어서 두 손을 모아 보세요. 손가락 끝을 딱 붙여 보면 두 팔이 같은 길이임을 알 수 있습니다. 이제 뻗어 있는 왼팔을 오른손으로 여러 번 빠르게 문지릅니다. 다시 두 팔을 뻗어서 두 손을 모아 길이를 비교해 보세요. 오른팔이 살짝 짧아졌다는 걸 알 수 있어요!

왜 안 되는 걸까?

근육은 움직이면 줄어드는 성질이 있어요. 그래서 오른팔이 아주 조금 짧아진 거예요. 시간이 지나면 원래 길이로 돌아갑니다.

작은 구멍을 통해서 보면 선명하게 보이는 이유

멀리 흐릿하게 보이는 것이 있을 때
집게손가락과 엄지손가락으로
작은 고리를 만들어 한쪽 눈으로
바라다보면 사물이 선명하게 보인다.

멀리 초점이 맞지 않고 흐릿하게 보이는 것이 있을 때, 집게손가락과 엄지손가락으로 아주 작은 고리를 만들어 한쪽 눈으로 바라다보세요. 시야가 상당히 좁아지기는 하지만 그냥 볼 때보다 선명하게 보입니다.

왜 안 되는 걸까?

작은 구멍을 통해서 보면 눈에 들어오는 빛의 범위가 제한됩니다. 여기에 초점을 벗어난 그 외의 빛이 줄어들어 또렷하게 보입니다. 이처럼 작은 구멍으로 사물을 보면 선명하게 상을 맺는 현상을 '핀홀 효과'라고 해요.

도전 37 : 키와 두 팔을 벌린 길이는 거의 같아

1 키 높이와 두 팔을 벌렸을 때의 길이는 거의 같다.

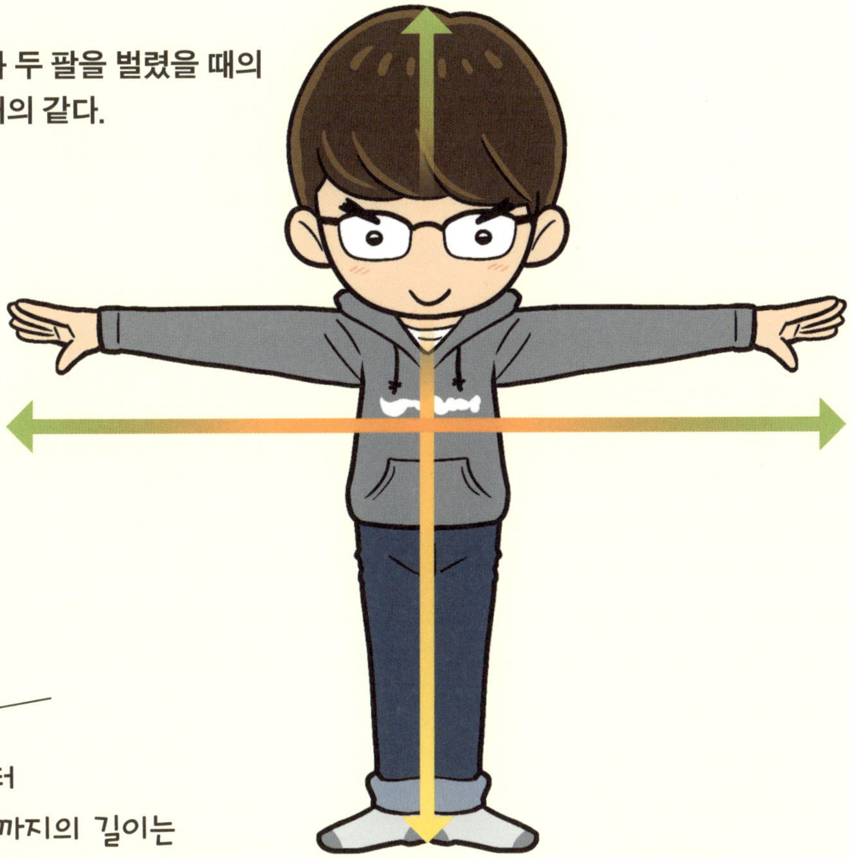

 팔꿈치부터 손가락 끝까지의 길이는 키의 약 4분의 1이라고 해요!

두 팔을 벌린 길이는 자신의 키와 거의 같다고 해요. 실제로 두 팔을 벌리고 측정해 보세요.

왜 안 되는 걸까?

어려서부터 발레나 수영 등을 배우면서 팔을 크게 벌리는 훈련을 많이 한 사람은 팔이 더 길 수도 있어요. 신장을 100으로 할 때 신체 각 부분을 비율로 나타낸 것을 '신체 각부의 비율'이라고 해요.

도전 38
두 다리를 바짝 오므려도 쉽게 벌어지는 이유

1 바닥에 다리를 펴고 앉아 두 다리를 바짝 붙인다. 다른 사람이 엄지발가락의 끝을 잡고 다리를 벌리면 쉽게 벌어진다.

와우, 인간의 약점을 발견했어!

이 도전은 두 사람이 진행합니다. 한 사람이 바닥에 앉아 두 다리를 길게 뻗은 다음 다리를 바짝 붙입니다. 이때 다른 사람이 발가락 끝을 잡고 다리를 벌리면 쉽게 벌어집니다.

왜 안 되는 걸까?

다리 근육의 센 힘을 손가락 끝으로 이길 수 있다니 신기한 일이죠. 그 이유는 다리를 구부렸다 폈다 하는 근육은 강하지만 다리를 회전시키는 근육은 약하기 때문에 쉽게 벌어지는 겁니다.

겨드랑이를 끈이나 밴드로 조이면 왜 얼굴에서 땀이 나지 않을까?

1 겨드랑이를 꽉 조이면 얼굴에 땀이 나지 않는다.

그 대신 조이지 않은 하체에서 땀이 나죠!

3장 신기해! 왜 이렇게 되는 걸까?

겨드랑이를 끈이나 밴드 등으로 꽉 조이면 가슴이나 얼굴에서 땀이 나지 않습니다.

왜 안 되는 걸까?

'반쪽 땀 반사'라고 하는데, 피부를 압박하는 위치에 따라 땀을 흘리지 않게 되는 것을 말합니다. 압박을 받는 곳은 땀 증발이 방해받는 상태라고 몸이 인식해서 그 부분에는 땀을 흘리지 않도록 조절하기 때문이라는 의견이 있어요.

도전 40

팔꿈치는 세게 꼬집어도 아프지 않아!

1 팔꿈치의 피부는 아무리 세게 꼬집어도 아프지 않다.

신체 부위에 따라서 민감한 곳과 둔감한 곳이 있구나.

팔꿈치를 편 상태든 구부린 상태든 상관없습니다. 팔꿈치의 피부를 손가락 끝으로 꼬집어 보세요. 어라, 신기하네요! 전혀 아프지 않아요!

왜 안 되는 걸까?

시험 삼아 비슷한 세기로 손등을 꼬집어 보면 따끔한 통증을 느낍니다. 팔꿈치는 몸에서 둔감한 부위에 속해요. 앞에서 설명했듯이 피부에는 '감각점'이 있는데 팔꿈치에는 감각점이 적어요. 감각점이 많은 부위일수록 꼬집으면 통증이 많이 느껴집니다. 아프지 않다고 해서 너무 세게 꼬집으면 상처가 날 수 있으니 주의하세요.

곧은 연필이 휘어져 보이는 이유

3장 신기해! 왜 이렇게 되는 걸까?

1

연필 끝을 가볍게 쥔다.
위아래로 살짝 흔들면
연필이 휘어져 보인다.

수업 중에 하면
선생님한테 혼나요!

연필이나 펜처럼 길쭉한 것을 집게손가락과 엄지손가락으로 가볍게 잡습니다. 힘을 빼고 살짝 위아래로 흔들면 곧은 연필이 휘어져 보입니다.

왜 안 되는 걸까?

연필을 들고 있는 곳과 손에서 먼 연필의 끝부분이 흔들리는 속도가 다르기 때문에 일어나는 착시 현상입니다. '고무 연필 착시 현상'이라고 해요. 천천히 흔들면 많이 휘어져 보입니다.

도전 42

떼어 내려고 힘을 주어도 손이 머리에서 떨어지지 않는 이유

비슷한 힘을 가진 친구와 함께 시도해 보세요!

1 자신의 뒤통수를 한 손으로 잡는다. 다른 사람이 그 손을 떼어 내려고 해도 떨어지지 않는다.

이 도전은 둘이서 해야 합니다. 먼저 자신의 뒤통수를 움켜쥐듯이 손으로 잡습니다. 비슷한 힘을 가진 친구에게 이 팔을 머리에서 떼어 달라고 해 보세요. 아무리 힘을 주어도 팔을 떼어 내기는 어려울 겁니다.

왜 안 되는 걸까?

얼핏 보면 팔을 떼어 내려는 사람의 힘이 약하기 때문이라고 생각할 수 있습니다. 하지만 머리에는 누르는 힘과 팔을 구부리는 힘이 함께 작용하기 때문에 쉽게 팔을 떼어 낼 수가 없습니다.

도전 43

발 크기와 팔꿈치부터 손목까지의 길이는 같아!

3장 신기해! 왜 이렇게 되는 걸까?

1 발 사이즈와 팔꿈치부터 손목까지의 사이즈는 거의 같다.

왜 그럴까? 신기하네~!

발의 크기와 팔꿈치에서 손목까지의 길이는 거의 같다고 해요. 자신의 발과 팔을 마주 대고 확인해 보세요.

왜 안 되는 걸까?

"그래서 뭐…?"라고 생각할 수도 있겠지만, 이런 사실을 알고 있으면 신발을 신어 보지 않고도 사이즈에 맞는 신발을 살 수 있어요.

 도전 44

무릎 아래를 치면 발이 튀어 오르는 이유

1 무릎 아랫부분을 치면 발이 튀어 오른다.

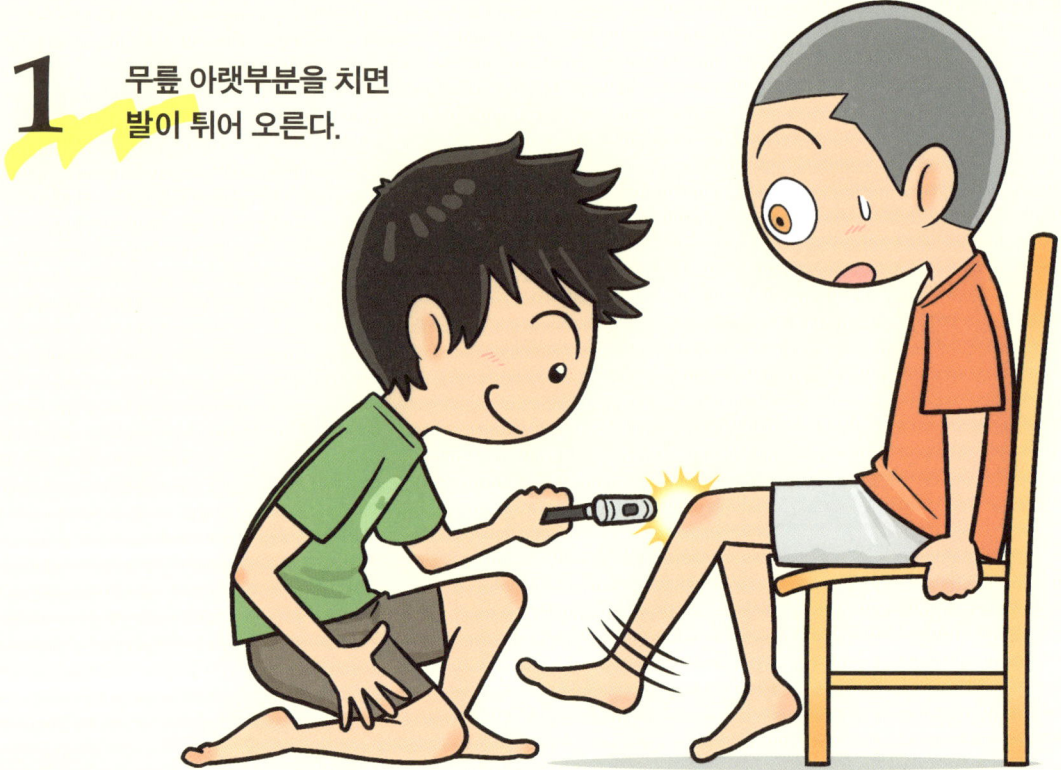

 다리가 흔들리도록 힘을 빼는 것이 요령이에요!

바닥에 발이 닿지 않는 높이의 의자에 앉아서 두 다리를 빙빙 돌립니다. 그 상태에서 다른 사람에게 좌우 중 한쪽 무릎 아래를 가볍게 쳐 달라고 합니다. 그러면 무릎 아래쪽의 발이 자연스럽게 튀어 오릅니다.

 왜 안 되는 걸까?

무릎 앞쪽 가운데에 있는 오목한 뼈를 '슬개골'이라고 합니다. 이 슬개골 바로 아래를 치면 대퇴 사두근이라는 넓적다리 근육이 수축하면서 무릎 아래쪽이 튕겨 나가듯이 움직입니다. 이것은 반사의 일종으로, '슬개건 반사'라고 합니다.

해 보자! 사소한 도전!

❺ 목욕 편

35℃의 따뜻한 물과 35℃의 기온, 어느 쪽이 더 뜨겁게 느껴질까?

여름에 기온이 35℃까지 올라가면 열사병 대책이 필요할 정도로 덥습니다. 하지만 목욕물의 온도가 35℃일 경우 뜨겁다고 느껴질까요? 미지근한 느낌일 겁니다. 같은 온도인데 기체와 액체의 느낌이 다른 이유는 '비열의 차이' 때문입니다. 비열이란 물질 1g의 온도를 1℃ 올리는 데 필요한 열에너지를 말합니다. 비열이 클수록 천천히 가열되고 천천히 식습니다. 물은 공기보다 비열이 4배 이상 크기 때문에 물이 체온을 빼앗아가서 미지근하게 느껴지는 것입니다.

목욕 후에는 손가락 끝이 왜 쪼글쪼글해질까?

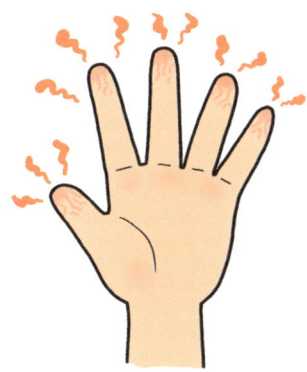

목욕을 한 후에는 손가락 끝이 쪼글쪼글해집니다. 하지만 몸의 다른 부분은 그렇지 않죠. 그 이유는 손가락 끝의 각질층 때문입니다. 각질층은 세포가 죽은 부분인데, 물을 흡수하면 쪼글쪼글해집니다. 손발의 각질층은 두께가 0.5~1mm인데 비해 얼굴은 그 10분의 1에 불과합니다. 몸의 다른 부분에서도 각질층은 쪼글쪼글해지지만 손가락 끝만큼 각질층이 두껍지 않아서 눈에 띄지 않죠.

땀을 흘린 후 젖은 수건으로 닦으면?

목욕이나 운동으로 땀을 흘리면 수건으로 닦습니다. 하지만 닦자마자 다시 땀이 흐릅니다. 그럴 때는 마른 수건이 아니라 젖은 수건으로 몸을 닦아 보세요. 마른 수건으로 닦는 것보다 체온이 더 잘 내려가서 땀의 양이 줄어듭니다.

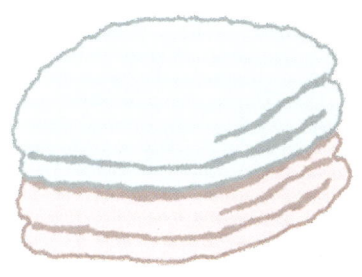

땀이 증발할 때 발생하는 기화열이 몸의 체온을 낮추어 주죠. 그래서 피부에 수분이 남아 있는 게 좋아요!

이럴 때 도전해 보자 ❶

코가 막혔을 때

쉽게 할 수 있는
숨겨진 기법이네요!

1 막힌 쪽 콧구멍의
반대쪽 겨드랑이 밑에
페트병을 끼우고
그 겨드랑이 아랫부분을 누른다.

만약 오른쪽 코가 막혔다면 왼쪽 겨드랑이 밑에 페트병을 끼워서 그 겨드랑이 아랫부분을 눌러 보세요. 이렇게만 해도 코 막힘이 해소되는 이유는 교감신경이 작용하기 때문입니다. 겨드랑이 아래를 압박하면 반대쪽의 교감 신경이 자극을 받아 코의 혈관이 수축됨으로써 부기가 가라앉아 편안해집니다. 이외에도 잠자리에 들 때 눕는 방향으로 해결하는 방법도 있습니다. 왼쪽 코가 막히면 오른쪽, 오른쪽 코가 막히면 왼쪽을 아래쪽으로 두고 누우면 코 막힘이 해소됩니다.

이럴 때 도전해 보자 ❷

재채기가 나오려고 할 때

1 재채기를 할 때 눈을 뜬다.

코가 간질간질할 때 해 보세요!

금방이라도 '에취~' 하고 재채기가 나올 것 같을 때가 가끔 있습니다. 의식하지 않고 재채기를 하면 자율 신경 반사로 인해 자신도 모르게 눈을 감게 됩니다. 재채기를 할 때 무의식적으로 눈을 감는 이유는 눈을 감으면 볼의 근육이 자연스럽게 올라가고 그에 따라 콧구멍이 불룩해져서 공기가 통과하기 쉬운 상태가 되기 때문이라는 의견이 있어요. 눈을 뜬 채로 재채기를 하면 눈이 튀어나온다는 이야기도 있지만 눈알이 튀어나와 땅바닥에 떨어질 일은 없으니 안심해도 됩니다.

이럴 때 도전해 보자 ❸

딸꾹질이 멈추지 않을 때

멈추는 방법 ①
30초~1분 정도 혀를 잡아당긴다.

*손수건이나 수건으로 혀를 감싸고 잡아당긴다.

멈추는 방법 ②
양쪽 귓구멍에 집게손가락을 넣고 세게 누른다.

멈추는 방법 ③
컵에 든 물을 허리를 90도로 숙여서 마신다.

*물이 쏟아지지 않도록 주의한다!

여러 가지 방법이 있구나!

딸꾹질은 횡격막이 경련을 일으켜서 일어나는 거예요.

갑자기 나오는 딸꾹질. 딸꾹질은 횡격막이 경련을 일으키는 동시에 성문(성대 사이의 좁은 틈)이 닫혀서 좁아진 틈새를 숨이 지나갈 때 '딸꾹' 하고 나오는 소리예요. 의학적으로 임신 중 태아의 '딸꾹질 반사'는 태아의 입속에 이물질이 잘못 들어갔을 때 뱉어 내는 과정에서 나타난다고 합니다.

딸꾹질을 멈추게 하는 방법에는 여러 가지가 있습니다. ①은 '설인 신경'을 자극해서 횡격막의 경련을 멈추게 하는 방법이고, ②는 귀 안쪽에 있는 '미주 신경'을 자극하는 방법입니다. ③은 허리를 숙인 채 물을 마셔서 배의 근육을 수축시켜 횡격막의 경련을 멈추게 하는 방법입니다.

이럴 때 도전해 보자 ❹

기억력을 높이고 싶을 때

기억력을 높이는 방법 ①
공을 꽉 쥔다.

기억력을 높이는 방법 ②
배 속을 허기지게 한다.

이 방법을 모두 실행한 후에 공부하면 완벽하게 기억할 수 있을까?

기억력을 높이는 방법 ③
장미 향기를 맡는다.

기억력을 높이는 방법 ④
껌을 씹는다.

암기할 내용이 있을 때 혹은 공부에 도움을 주기 위해 기억력을 올리는 방법을 소개합니다.

①의 경우, '외우는' 공부를 하기 전에는 오른손으로, 외운 것을 '생각해 내는' 복습을 하기 전에는 왼손으로 공을 쥐세요. 암기할 때는 몸의 오른쪽 활동을 담당하는 전두엽의 왼쪽과, 암기한 것을 떠올릴 때는 몸의 왼쪽 활동을 담당하는 전두엽의 오른쪽과 관계가 있기 때문입니다.

②의 경우, 위가 비었을 때 식욕 촉진을 위해 분비되는 그렐린이라는 호르몬에 의해 기억력이 올라갑니다.

③의 경우, 정보가 직접 대뇌피질에 닿아 기억에 관련된 해마가 활발해지도록 자극을 준 방법입니다.

④의 경우, 턱을 잘 움직이면 뇌가 자극을 받아 스트레스 호르몬의 양이 줄어들어 해마의 기능이 좋아지고 기억력이 좋아진다는 견해에 근거를 두고 있습니다.

하지만 기억력을 올리는 가장 좋은 방법은 공부를 꾸준히 하는 것이겠죠?

참고 문헌

구도 다카후미, 《의사도 놀란 안타까운 인체의 구조》, 청춘출판사(工藤孝文, 《医者も驚いた! ざんねんな 人体のしくみ》, 青春出版社).

나라 노부오·고자키 유우, 《우리 몸 깜짝 사전1(국내도서명)》, 미래엔 아이세움, 2021(奈良信雄·こざき ゆう, 《ざんねん? はんぱない! からだのなかのびっくり事典》, ポプラ社).

―――――, 《더욱 안타깝고 놀라운 우리 몸 깜짝 사전》, 포플러사(奈良信雄·こざきゆう, 《もっと!! ざん ねん? はんぱない! からだのなかのびっくり事典》, ポプラ社).

박학고집클럽, 《누구나 기억하는 몸의 이상 반응 정체》, 가와데쇼보신샤(博学こだわり倶楽部, 《誰にも覚 えがある体のおかしな反応の正体》, 河出書房新社).

신기한현상학회 기획, 《신기한 현상 사전(국내도서명)》, 주니어김영사, 2022(《ふしぎ現象》研究会, 《大人も 知らない? ふしぎ現象事典》, マイクロマガジン社).

오기노 타카시, 《인체의 신비(국내도서명)》, 성안당, 2022(荻野剛志, 《図解 眠れなくなるほど面白い 人体の 不思議》, 日本文芸社).

온다 가즈요, 《알아두고 싶은 몸의 불가사의》, 마루젠출판(恩田和世, 《知っておきたい カラダの不思議》, 丸 善出版).

요쓰모토 유코·고자키 유우, 《안타깝고 놀라운 뇌 속의 깜짝 사전》, 포플러사(四本裕子·こざきゆう, 《ざんねん? はんぱない! 脳のなかのびっくり事典》, ポプラ社).

초등 인체 탐험 ❷

1판 1쇄 인쇄 2023년 7월 31일
1판 1쇄 발행 2023년 8월 7일

편저자 사카이 다츠오
옮긴이 박유미
감수자 박경한

발행인 김기중
주간 신선영
편집 백수연, 민성원
마케팅 김신정, 김보미
경영지원 홍운선
펴낸곳 도서출판 더숲
주소 서울시 마포구 동교로 43-1 (04018)
전화 02-3141-8301
팩스 02-3141-8303
이메일 info@theforestbook.co.kr
페이스북·인스타그램 @theforestbook
출판신고 2009년 3월 30일 제2009-000062호

ISBN   979-11-92444-51-2(74510)
       979-11-92444-52-9 (세트)

※ 이 책은 도서출판 더숲이 저작권자와의 계약에 따라 발행한 것이므로
   본사의 서면 허락 없이는 어떠한 형태나 수단으로도 이 책의 내용을 이용하지 못합니다.
※ 잘못된 책은 구입하신 곳에서 바꾸어 드립니다.
※ 책값은 뒤표지에 있습니다.